● 介護を知るはじめの一歩 ●

「介護に関する入門的研修」テキスト

# わたしたちの介護

基礎講座3時間・入門講座18時間対応

監修 黒澤 貞夫

日本医療企画

# はじめに

　日本の高齢化は急速に進み、2022年には、総人口に対して65歳以上の高齢者が占める割合が29.0％に達しました。今後も高齢者の人口は増加傾向が続き、いわゆる「団塊の世代」が75歳以上になる2025年には、国民の三人に一人が65歳以上、五人に一人が75歳以上になると予測されました。

　また、厚生労働省の試算によると、2025年には253万人の介護人材需要が生じると示されました。しかしそれに対し供給見込みは215.2万人と、約38万人の需要ギャップが生じることが懸念されました。

　この深刻な介護の人材不足を解消するため、国の施策の一環として、2018年度新たに導入されたのが、「入門的研修」と「生活援助従事者研修」です。「入門的研修」は、これまで介護にかかわったことがない人たちが、介護の基本的な知識や技術を身につけ、家庭や地域で介護の担い手として活躍することを目的としています。介護人材のすそ野を広げることで、高齢者が介護を必要とする状態になっても、住み慣れた地域で自分らしい暮らしを続けることができる体制を構築するねらいもあります。

　本書では、日常に役立つ介護の知識や、介護職として必要な知識や技術を学びます。また、実際に介護に携わるうえで多くの人が不安に感じる、介護保険制度の概要や、認知症の基本的な知識も学びます。

　本書を活用し、多くの人が福祉・介護サービス事業や地域活動を支える介護の担い手に成長することを願っています。

黒澤　貞夫

# 本書の特長と使い方

### ● 本文について

　読みやすい文字のフォント、大きさで、簡潔な文章で書いています。また、図や表を使って内容を整理してあるので、短時間での学習に適しています。

### ● 学習のポイント

　各セクションのはじめに「学習のポイント」を入れています。そのセクションでどういったことを学ぶのかを示すことで、学習をはじめやすいようにしています。

### ● チェックポイント

　セクションの終わりには、「チェックポイント」が書かれています。セクションで学ぶ要点を簡潔にまとめているので、理解できていないことがあれば、もう一度その項目を読み直しましょう。介護をはじめたあとでも、ときどきチェックポイントを読み返すとよいでしょう。

### ● コラム

　コラムには、覚えておくとよいこと、知っておくと役立つことが載っています。学習の合間に読んでおくとよいでしょう。

### ● 表記について

　本書では、介護を受ける対象者を「利用者」、介護を行う者を「介護職」と表記しています。
　「障がい者」においては、法律等公式文書で「障害者」の用語が使用されているため、これに倣いました。

# 目次
CONTENTS

はじめに ……………………………………………………………… 3
本書の特長と使い方 ………………………………………………… 4

## Ⅰ. 基礎講座　第1章　介護に関する基礎知識

### 1 高齢社会の現状 ……………………………………………… 10
1　総人口は減り、高齢者の割合は増えている ……………… 10
2　介護の担い手が不足し、医療費・介護費も不足する …… 11
3　地域で安心して暮らすために ……………………………… 11

### 2 介護に関する相談先 ………………………………………… 12
1　市町村の窓口 ………………………………………………… 12
2　地域包括支援センター ……………………………………… 12
3　居宅介護支援事業所 ………………………………………… 13

### 3 介護保険制度の概要 ………………………………………… 14
1　サービスの種類 ……………………………………………… 14
2　利用手続き …………………………………………………… 15
3　利用者負担 …………………………………………………… 16

### 4 仕事と介護の両立 …………………………………………… 17
1　介護休業制度 ………………………………………………… 17
2　仕事と介護の両立支援 ……………………………………… 18

## I. 基礎講座　第2章　介護の基本

### 1 介護における安全・安楽なからだの動かし方 …… 20
1. ボディメカニクスの活用 …… 20
2. 福祉用具の活用 …… 22

### 2 介護予防・認知症予防に使える体操 …… 24
1. 介護予防の重要性 …… 24
2. 介護予防体操 …… 25

## II. 入門講座　第3章　基本的な介護の方法

### 1 介護職の役割や介護の専門性 …… 28
1. 尊厳の保持 …… 28
2. 自立支援 …… 33
3. QOLの向上 …… 39
4. 介護職の役割と専門性 …… 43

### 2 生活支援技術の基本 …… 50
1. 移動・移乗介助 …… 50
2. 食事介助 …… 51
3. 入浴・清潔保持 …… 52
4. 排せつ介助 …… 52
5. 着脱 …… 53
6. 整容 …… 54
7. 口腔清潔 …… 54
8. 生活援助にかかわる介護や支援の基本的な方法 …… 55

## 3 老化の理解 ……… 58
1 老年期の発達と老化に伴う心身の変化の特徴 ……… 58
2 老化に伴うこころとからだの変化と日常生活への影響 ……… 61
3 高齢者の疾病と生活上の留意点 ……… 71
4 高齢者に多い病気と日常生活への影響 ……… 76

## Ⅱ. 入門講座　第4章　認知症の理解

### 1 認知症を取り巻く状況 ……… 84
1 認知症ケアの理念 ……… 84
### 2 医学的側面からみた認知症の基礎と健康 ……… 88
1 認知症の概念 ……… 88
2 認知症の原因疾患とその病態 ……… 90
### 3 認知症に伴うこころとからだの変化と日常生活 ……… 96
1 認知症の人の生活障害、行動・心理の特徴 ……… 96
2 認知症の利用者への対応 ……… 101
### 4 家族への支援 ……… 105
1 認知症の受容過程での援助 ……… 105
2 介護負担の軽減 ……… 107

## Ⅱ. 入門講座　第5章　障害の理解

### 1 障害の基礎的理解 …………………………………………………… 110
- 1　障害の概念とICF …………………………………………… 110
- 2　障害者福祉の基本理念 ……………………………………… 112

### 2 障害の医学的側面 …………………………………………………… 113
- 1　身体障害 ……………………………………………………… 113
- 2　知的障害 ……………………………………………………… 117
- 3　精神障害 ……………………………………………………… 117

### 3 家族の心理、かかわり支援の理解 ………………………………… 121
- 1　家族への支援 ………………………………………………… 121


## Ⅱ. 入門講座　第6章　介護における安全確保

### 1 介護における安全の確保とリスクマネジメント ………………… 124
- 1　介護における安全の確保 …………………………………… 124
- 2　事故予防、安全対策 ………………………………………… 126
- 3　感染対策 ……………………………………………………… 129

### 2 介護職の安全 ………………………………………………………… 132
- 1　介護における介護職の健康管理 …………………………… 132


参考文献 …………………………………………………………………… 137

Ⅰ. 基礎講座

# 第1章

## 介護に関する基礎知識

第1章 介護に関する基礎知識

# 1 高齢社会の現状

**学習のポイント**

・高齢化率の急上昇に伴って起きている介護の問題を学びます。

## 1 総人口は減り、高齢者の割合は増えている

　日本の総人口は、最近減少しています。2008年では約1億2,808万人でしたが、2022年には、約1億2,495万人でした。一方、2022年の65歳以上の高齢者人口は、約3,624万人で、高齢者の割合は29.0％と過去最高になりました。

　今後、総人口は減り続けるとともに高齢者人口は増加が続き、ピークとなる2043年の高齢者人口は3,953万人になると予測されています。

**年齢区分別の将来人口の推計**

資料：内閣府『令和5年版高齢社会白書』をもとに作成

## 2 介護の担い手が不足し、医療費・介護費も不足する

　高齢になるにつれて、医療や介護の必要性が高まります。高齢者の割合が多くなり、若い人の割合が少なくなるということは、医療や介護の担い手が足りなくなるおそれがあるということです。また、国民の医療費や介護給付費が増大し、医療や介護制度の維持が困難になることも考えられています。

　そこで国は、介護の担い手を増やすための対策をしたり、医療費や介護給付費の削減を図るための制度改正を行ったりしています。

　また、高齢の一人暮らしや夫婦のみの世帯が増加していることもあり、地域全体で介護の必要な人を支えようという「地域包括ケアシステム」を構築していこうとしています。地域では、元気な高齢者なども介護の担い手になることが期待されています。

## 3 地域で安心して暮らすために

　地域包括ケアシステムの構築は、まだ進行の途中です。市町村（特別区を含む。以下同）によっては、課題が多くなかなか進められていないところもあります。

　自分の親や近隣の高齢者、この先の自分や家族など、介護は誰にとっても身近な問題です。高齢社会のさまざまな課題を他人事としないで、一人ひとりができることを考えていくことが求められています。

> ☑ **チェックポイント**
> ・高齢社会の現状と今後の予測、課題について理解しましたか。

# 2 介護に関する相談先

📖 **学習のポイント**

・介護についての相談窓口について理解します。

## 1 市町村の窓口

　市町村（特別区を含む。以下同）には、介護保険を担当する部署があります。介護保険や介護について相談したいとき、相談することができます。

　担当部署の名称は、市町村によってさまざまです。例えば、介護保険課、長寿介護課、高齢福祉課、健康福祉課、長寿支援課などがあります。名称がわからないときは、介護の担当を尋ねるとよいでしょう。介護サービスを受けるために必要な要介護認定の申請を受けつけ、その結果を通知する業務も行っています。

## 2 地域包括支援センター

　地域の高齢者の心身の健康保持や生活の安定のために必要な支援を行うことを目的に設置されているのが、地域包括支援センターです。中学校区に1つを目安に設置されています。介護や介護保険、健康、医療など、地域の高齢者のさまざまな疑問や悩みの相談を受けつけています。虐待に関する相談もできます。要介護認定の申請の代行も行います。

自分の住んでいる地域包括支援センターの所在地がわからないときは、市町村に問い合わせます。高齢者総合相談センター、いきいき支援センターなどと呼ばれていることもあります。

これらのセンターは、介護保険制度に基づくもので、主任ケアマネジャー、保健師、社会福祉士が連携し、主に次の業務を行っています。

- 介護予防ケアマネジメント…要支援1・2と認定された人の支援、介護が必要となる可能性のある人に介護保険サービスや介護予防事業を案内。
- 権利擁護…高齢者の権利を守る。消費者問題、虐待の早期発見、成年後見制度の紹介など。
- 総合相談…介護以外にも福祉や医療などの相談に対応。
- 包括的・継続的ケアマネジメント支援…地域のケアマネジャーを支援。相談、指導、助言。

## 3 居宅介護支援事業所

居宅介護支援事業所は、介護保険サービスを提供する事業所の1つです。ケアマネジャー（介護支援専門員）が利用者の心身の状態や生活、希望に合わせて、各種のサービスを組み立てるケアプランを作成することを主な業務としています。また、介護が必要な人に対しては、要介護認定の申請の代行を行います。

### ✓ チェックポイント

・介護の相談窓口にはどのようなものがあるか、わかりましたか。

第1章 介護に関する基礎知識

# 3 介護保険制度の概要

 学習のポイント

・介護保険制度のサービスの種類や利用までの手続きを学びます。
・介護保険のサービスを利用したときの自己負担について理解します。

## 1 サービスの種類

　介護保険のサービスには、居宅サービス、施設サービス、地域密着型サービスがあります。要支援の人向けのものは介護予防サービスといいます。

**居宅サービスの種類**

【自宅で日常生活の手助けやリハビリを受ける】
・訪問介護
・訪問入浴介護
・訪問リハビリテーション

【施設に通い、機能訓練のための支援を受ける】
・通所介護
・通所リハビリテーション

【短期間施設に入所して機能訓練などをする】
・短期入所生活介護
・短期入所療養介護

【有料老人ホームに入所して介護サービスを受ける】
・特定施設入居者生活介護

【ケアプランをつくる】
・居宅介護支援

【福祉用具の利用や住宅改修の支援を受ける】
・福祉用具貸与
・特定福祉用具（購入）
・住宅改修

【医師の指導のもとで助言等を受けられる】
・居宅療養管理指導
・訪問看護

**施設サービスの種類**

【日常生活の支援や介護を受ける】
　介護老人福祉施設
　（特別養護老人ホーム）

【在宅復帰できるようリハビリを受ける】
　介護老人保健施設

【医療と介護を一体的に受ける】
　介護医療院

## 地域密着型サービスの種類

【24時間体制の介護と看護】
定期巡回・随時対応型訪問介護看護

【夜間にケアを受けられる】
夜間対応型訪問介護

【小規模施設に通う】
地域密着型通所介護

【認知症の人が通う】
認知症対応型通所介護

【訪問・通い・宿泊ができる】
小規模多機能型居宅介護

【訪問看護と組み合わせ】
看護小規模多機能型居宅介護

【認知症の人が少人数で暮らす】
認知症対応型共同生活介護

【小規模で在宅に近い暮らし】
地域密着型特定施設入居者生活介護

【小規模の施設に入居】
地域密着型介護老人福祉施設

## 2 利用手続き

　介護保険制度を利用したいときは、市町村に要介護（要支援）認定の申請を行います。利用までの流れは次のとおりです。

### 利用までの流れ

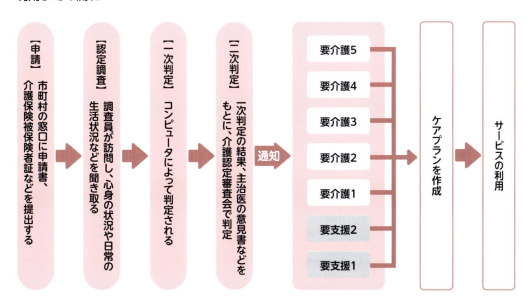

【申請】市町村の窓口に申請書、介護保険被保険者証などを提出する → 【認定調査】調査員が訪問し、心身の状況や日常の生活状況などを聞き取る → 【一次判定】コンピュータによって判定される → 【二次判定】一次判定の結果、主治医の意見書などをもとに、介護認定審査会で判定 → 通知 → 要介護5／要介護4／要介護3／要介護2／要介護1／要支援2／要支援1 → ケアプランを作成 → サービスの利用

## 3 利用者負担

　介護サービスを利用した場合は、サービスにかかる料金の1割または2割または3割を利用者が負担します。残りは、介護保険から給付されます。40〜64歳（特定の病気の人）、65歳以上の人がサービスを受けることができます。

**所得と自己負担割合**

| 自己負担の割合 | 所得の要件 |
|---|---|
| 3割負担※ | ①65歳以上で、本人の合計所得金額が220万円以上<br>②同じ世帯の65歳以上の人の「年金収入＋その他の合計所得金額が、単身世帯で340万円以上、2人以上世帯で463万円以上」 |
| 2割負担※ | ①65歳以上で、本人の合計所得金額が160万円以上<br>②同じ世帯の65歳以上の人の「年金収入＋その他の合計所得金額が、単身世帯で280万円以上、2人以上世帯で346万円以上」 |
| 1割負担 | 上記以外の場合 |

※①と②の両方を満たすと2割または3割負担になる

　居宅サービスなどの利用には、要介護度に応じて上限が設けられています。上限を超えて利用する場合、超えた分は全額が自己負担になります。

**居宅サービスの支給限度額（1か月）**

| 要介護状態区分 | 支給限度額 |
|---|---|
| 要介護1 | 167,650円 |
| 要介護2 | 197,050円 |
| 要介護3 | 270,480円 |
| 要介護4 | 309,380円 |
| 要介護5 | 362,170円 |

| 要支援状態区分 | 支給限度額 |
|---|---|
| 要支援1 | 50,320円 |
| 要支援2 | 105,310円 |

### ✓ チェックポイント

・サービスの種類や利用までの手続きがわかりましたか。
・サービスを利用したときの自己負担についてわかりましたか。

第1章 介護に関する基礎知識

# 4 仕事と介護の両立

**学習のポイント**
・介護休業制度について知識をもちます。
・仕事と介護の両立支援について学びます。

## 1 介護休業制度

　現在、働きながら家族を介護する人が増えています。そのような人が介護を行いやすくするために、「育児・介護休業法」によって、介護のための休みをとる制度（介護休業制度）が設けられています。以下に、その内容をまとめます。

**介護休業制度の主な内容**

| 名称 | 内容 |
| --- | --- |
| 介護休業 | 要介護状態（けがや病気、または身体上・精神上の障害で２週間以上の期間にわたり常時介護を必要とする状態）にある家族を介護する場合、被介護者１人につき通算93日休業できる（３回までを上限として分割取得できる） |
| 介護休暇 | 被介護者１人につき年に5日まで、２人以上の場合は10日まで介護休暇を取れる。 |
| 業務時間の短縮 | 被介護者１人につき利用開始から３年の間で２回以上、時短勤務が可能。短時間勤務のほかフレックスタイム、時差出勤なども対象 |

　ほかに、雇用保険法に基づいて、介護休業給付が支給される制度もあります。

## 2 仕事と介護の両立支援

　家族の介護のために仕事を辞める人も少なくありません。このような介護離職は、働く人にとっては収入が途絶えるという問題があります。また、企業にとっても人手が不足し企業の経済活動に支障が生じるといった問題があります。

　そこで、国は、働く人の仕事と介護の両立を支援するための研究事業を行っています。

　企業に対しては、両立しやすい環境を整えたり、セミナーなどを開催して、介護休業制度や介護保険制度の情報を従業員に提供し周知することなどが求められています。企業の管理職に対しては、介護休業制度を利用し仕事と介護を両立しようというメッセージの発信などが期待されています。

　従業員に対しては、前もって制度について理解を深め、いざというときに活用できるよう支援し、介護をしなければならない状況になっても、仕事と介護の両立ができるよう情報提供を行っています。

### 介護保険制度の利用法などを知り、活用する

　介護は誰もが直面する問題です。仕事と介護の両立は容易なことではありませんが、介護の知識を得たり、上手に介護サービスを利用したりすることで可能になります。一人で悩まずに自治体の担当窓口に相談することが大切です。

#### ✓ チェックポイント

・介護休業制度の内容を理解しましたか。
・仕事と介護の両立支援が推進されていることを理解しましたか。

# Ⅰ. 基礎講座

## 第2章

## 介護の基本

第2章 介護の基本

# 1 介護における安全・安楽なからだの動かし方

## 学習のポイント

・ボディメカニクスを活用した介護の方法を学びます。
・福祉用具の活用の仕方について学びます。

### 1 ボディメカニクスの活用

　ボディメカニクスは、人間の姿勢や動作するときの骨格・筋肉などの力学的関係から考えられた効率よくからだを動かす方法です。介護の現場でも活用されています。これらの方法を知っておくと、姿勢が安定し最小限の力で、介護を行うことができます。介護する側、受ける側の身体的な負担が軽減でき、介護職の腰痛予防にもなります。ボディメカニクスには、8つの基本的な考え方があります。

**ボディメカニクスの8つの基本**

① 支持基底面積を広くとる

　足などが床と接している部分を結んだ面（支持基底面積）が広いほうが、体勢が安定します。足は前後左右に広めに開きましょう。

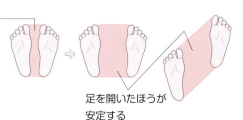

支持基底面積

足を開いたほうが安定する

**ボディメカニクスの活用例：重たい箱を持つ**

### ②利用者に近づく

もの（人）をからだに密着させるほうが余分な力を入れずにすみます。

### ③からだ全体の筋肉を使う

腕だけなど1つの筋群だけに力を入れるのではなく、からだ全体の筋肉を同時に使うと大きな力が出ます。

### ④ 利用者のからだを小さくまとめる

ベッド上の利用者の移動を介助するときなど、利用者の腕や足を組み、膝を曲げるなどして、からだをできるかぎり小さくまとめ、ベッドなどに接する面を少なくします。

### ⑤利用者を手前に、水平に引く

押すより引くほうが力が出やすくなります。また、上下に動かすより水平に動かすほうが少しの力ですみます。ベッド上で利用者の位置を変えるときなどは、からだを持ち上げずに、手前に引いて水平に動かします。

### ⑥重心を低くする

重心は低いほど安定します。自分ともの（人）の重心が同一線上になるように重心を落とすと安定し、腰への負担が小さくなります。

### ⑦足先を動作の方向に向ける

動かす方向に足先を向けると、からだをねじる必要がなく安定します。

### ⑧ てこの原理を活用する

例えばベッドサイドに膝をつけるなど、膝や肘をてこの支点とすることで、小さい力が大きい力に変わり、効率的な動作が可能になります。

##  福祉用具の活用

　福祉用具とは利用者の自立した生活を援助する用具です。活用することにより、介護する側・受ける側双方の負担を軽減することができます。介護保険制度の中で利用できる福祉用具はレンタルか購入となります。対象は、次のものです。

**介護保険の福祉用具**

| レンタル | 購入 |
|---|---|
| ①車いす　②車いす付属品　③特殊寝台　④特殊寝台付属品<br>⑤床ずれ防止用具　⑥体位変換器　⑦手すり　⑧スロープ(※)<br>⑨歩行器(※)　⑩歩行補助つえ(※)　⑪認知症老人徘徊感知機器<br>⑫移動用リフト（吊り具の部分を除く）<br>⑬自動排せつ処理装置（本体部分） | ①腰掛便座<br>②自動排せつ処理装置の交換部品<br>③排せつ予測支援機器<br>④入浴補助用具<br>⑤簡易浴槽<br>⑥移動用リフトの吊り具の部分 |

（※）スロープ、歩行器（歩行車を除く）、単点つえ（松葉づえを除く）、多点つえについては、購入を選択することもできる

### 福祉用具を導入するときの注意点

福祉用具を導入するときは、以下の点に注意して選びます。

- ・利用者の心身の状況や住まいの環境に合ったものを選ぶ。
- ・安全で使いやすく、耐久性のあるものを選ぶ。
- ・操作方法がシンプルで、利用者・家族等が管理しやすいものを選ぶ。
- ・できれば購入前に試したり、レンタルで使ってみて比較検討する。
- ・メンテナンスが簡単なものを選ぶ。故障の際のアフターサービスを確認する。

● **福祉用具専門相談員に相談**

介護保険の福祉用具を利用するときには、福祉用具専門相談員に自分に合った福祉用具の選定や使い方などを相談します。相談員は、福祉用具貸与・販売事業所に所属し、用具の調整なども行います。

**場面別福祉用具（介護保険適用外も含む）のいろいろ**

| 場面 | 福祉用具 |
|---|---|
| 排せつ | トイレ用手すり、腰かけ便座（ポータブルトイレ）、補高便座、尿器、収尿器、差し込み便器　など |
| 入浴 | 浴室用手すり、浴槽用簡易手すり、腰かけ板（バスボード）、シャワーチェア、すべり止めマット　など |
| 食事 | 形状記憶ホルダー付きスプーン・フォーク、曲がりスプーン、片側が高い皿、片手用コップホルダー、バネ付き箸　など |
| 移動・移乗 | つえ、歩行器、各種の車いす、車いす用昇降機、車いす用クッション、移動用リフト、天井走行リフト、階段昇降機、スライディングボード、介助ベルト　など |
| 睡眠 | 特殊寝台（介護ベッド〈電動式、手動式〉）、ベッドサイドレール、サイドテーブル、サイドレール、エアマット、起き上がり補助装置、体位変換用具　など |
| 生活用具 | すべり止めマット、ワンハンド調理台、ムービングキッチン、台付き爪切り、バネ付きはさみ、鉛筆ホルダー　など |
| コミュニケーション | 文字盤、緊急通報装置、意思伝達装置　など |

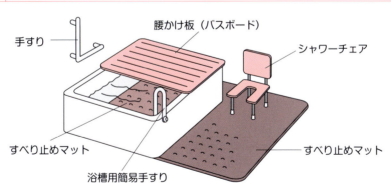

### ✓ チェックポイント

・ボディメカニクスを活用した介護の方法を学びましたか。
・福祉用具の活用の仕方について学びましたか。

第2章 介護の基本

# 2 介護予防・認知症予防に使える体操

## 学習のポイント

・心身機能、活動、参加のバランスがとれた介護予防の考え方を学びます。
・手軽にできる介護予防体操、健口体操を覚えましょう。

## 1 介護予防の重要性

　自立した状態で、健康に暮らせる期間を示す指標を健康寿命といいます。また、介護が必要な状態（要介護状態）にならないように予防すること、要介護状態になっても、それを軽くしたり悪化させないことを含めて介護予防ということがあります。介護予防をすることで、現在の心身の状態を維持することができ、自立した生活を続けることも可能になります。その結果、健康寿命も延ばせるのです。そのためには、生きがいをもつことや自己実現できたと感じられるように支援する取り組みが大切です。こうした支援によって、家庭生活での活動が活発になり、社会への参加もうながされるのです。このような考え方は、国際的にも用いられています。

**生活機能の3要素**

ICF（国際生活機能分類p.110）では、生活機能を「人が生きていくための機能全体」としてとらえている。

**生活機能**

① 心身機能
からだの働きや精神の働き

② 活動
食事や排せつなどの日常生活動作、家事、職業能力、屋外歩行など生活行為全般

③ 参加
家庭や社会生活で役割を果たすこと

## 2 介護予防体操

　転倒や骨折は、介護が必要となる原因の上位に挙げられています。転倒や骨折を予防するには、筋力を維持することが大切です。また、筋肉や関節の痛みはよく使う部位で起こりやすいので、ストレッチを習慣にしたり、何歳になっても、頬や舌、唇、あごなどをしっかり動かして食事ができるように、口の体操（健口体操）も行うとよいとされています。

**体幹を鍛える筋トレ＆ストレッチ**

【筋トレ】

膝を軽く曲げて足裏を床につけ、両手を前に伸ばす

上体をやや後ろに倒し、苦しくなる手前でからだを起こし、10〜30数える

【ストレッチ】

仰向けに寝て両膝を立てる。両膝をゆっくり左に倒す。両膝をもとに戻し、次に右に倒す

**足腰を鍛える筋トレ＆ストレッチ**

【筋トレ】

足を肩幅に開いて、いすの前に立つ

両手を前に伸ばしながら、膝を曲げて座面にお尻を近づけ、座らずに再び立ち上がる。何度か繰り返す

【ストレッチ】

片足を曲げ、足首を持って膝を曲げお尻に近づける。筋肉が伸びたと感じたところでキープする

膝が足先より前に出ないように

膝とつま先の方向をそろえるようにする。内またで行うと膝を痛めるので注意

資料：『100歳まで元気人生！「病気予防」百科』（日本医療企画）をもとに作成

## 健口体操

【顔全体のストレッチ】

手のひらで頬を内側にしっかりと寄せる

顔の外側へ引っ張る

頭に向かって上げる

あごの方へ下げる

【口唇のストレッチ】

上唇の上に人差し指と親指を当て、左右にパッと引き伸ばし、パッと指を離す

下唇の下に指を当てパッと左右に伸ばして、パッと離す

両端に指を当て頬へ向かってパッと引き伸ばす

指で口唇を閉じるように押さえながら、口を開くように力をいれる

資料:『100歳まで元気人生!「病気予防」百科』(日本医療企画)をもとに作成

### ✓ チェックポイント

・介護予防の考え方を理解しましたか。
・介護予防体操、健口体操のやり方はわかりましたか。

Ⅱ. 入門講座

第 **3** 章

基本的な
介護の方法

第3章 基本的な介護の方法

# 1 介護職の役割や介護の専門性

## 学習のポイント

・高齢者介護の基本的な考え方である「尊厳の保持」「自立支援」「QOLの向上」を理解します。
・介護職の倫理、仕事内容、役割について学びます。

## 1 尊厳の保持

### 人権と尊厳

　介護保険制度がスタートしたのは2000年です。家族の介護負担を軽くし、社会全体で高齢者を支えることを目的とし、高齢者介護のあり方を大きく変えました。介護保険制度の根底にあるのは高齢者の自立を支える「自立支援」で、人権と尊厳の保持を理念としています。

　「人権」とはすべての人が生まれながらにもっている人間らしく生きる権利、「尊厳」は、決しておかされてはならない人としての誇りです。歳を重ねて、たとえこころやからだに障害をもったとしても、個人の人権を尊重することは、人間の尊厳を守ることに通じます。

● 人権は憲法で保障されている

　基本的人権は、日本国憲法第3章第11条で保障されています。

**日本国憲法第11条（基本的人権）**

　国民は、すべての基本的人権の享有を妨げられない。この憲法が国民に保障する基本的人権は、侵すことのできない永久の権利として、現在及び将来の国民に与へられる。

### ● 人権と自由を守るための世界人権宣言

1948年12月10日に第3回国連総会において「世界人権宣言」が採択されました。人権と自由を守るため、世界中の国と人々が達成すべき基準として30か条が定められたのです。

文部科学省のホームページには、学習の教材に活用できるように「やさしい言葉で書かれた世界人権宣言」が掲載されています（ジュネーブ大学のL.マサランティ教授〈心理学専攻〉を指導者とする研究班が作成）。大変わかりやすい言葉で記されているので、その一部を次に紹介します。

---

**やさしい言葉で書かれた世界人権宣言（一部）**

第1条（世界）　子どもたちは生まれつき、だれもがみな自由であって、いつもわけへだてなくあつかわれるべきです。

　（原文）　すべての人間は、生れながらにして自由であり、かつ、尊厳と権利とについて平等である。人間は、理性と良心とを授けられており、互いに同胞の精神をもって行動しなければならない。

第3条（あなた）　あなたは生きる権利、自由に、安心して生きる権利をもっています。

　（原文）　すべて人は、生命、自由及び身体の安全に対する権利を有する。

第5条（社会）　あなたを拷問する、つまり、あなたを痛めつけて苦しめる権利はだれにもありません。あなたも、だれであれひとを拷問することはゆるされません。

　（原文）　何人も、拷問又は残虐な、非人道的な若しくは屈辱的な取扱若しくは刑罰を受けることはない。

出所：文部科学省ホームページより
http://www.mext.go.jp/b_menu/shingi/chousa/shotou/024/report/attach/1370775.htm

---

### ● 当たり前のものだけど、侵害されやすい

多くの人は、人権や尊厳の保持について、あまり考えずに暮らしているのではないでしょうか。人権や尊厳の保持は、当たり前のようでもありますが、日本でも、誰かに侵害されたり、自分が侵害してしまったりということがあ

りえます。たとえば、家庭で家族に暴力を振るわれたり、障害者が店に入ろうとして拒否されたりなど、実際には人権や尊厳が侵害されることが起きています。

人と人、人と組織などの間には、どうしても力の差が生まれてくるものです。力の強い人が力の弱い人の人権などを奪うことは簡単かもしれません。しかし、そうした行為は、法的にも人としても許されるべきではありません。そのため、力の強い側は、人権や尊厳について深く理解し、行動を律していかなくてはなりませんし、弱い側は声をあげていくことが必要になってきます。

こうした現実をふまえて、誰もが人権や尊厳を守るように、国やさまざまな機関が啓蒙活動を行っています。

● 高齢者と周囲の人の関係

からだの機能が低下したり、気弱になったり、障害をもっていたり……。そのような高齢者に対しては、周囲の人は、力の強い側になります。人権や尊厳の保持という考え方は、日頃の暮らしとかけ離れているように感じるかもしれませんが、理解して常に頭に入れておくようにしましょう。

**コラム**

知っていますか？　人権相談

全国各地の法務局では、「人権上問題では？」と悩んでいる人の相談に応じています。「高齢者・障害者の人権あんしん相談」の強化週間もあります。

法務省のホームページでは相談事例として、車いすを利用していることを理由に美容院で利用を拒否された障害者の例が紹介されています。法務局が両者の言い分を聞き、どちらも納得できるような利用法を提案した結果、その障害者は美容院を利用することができたそうです。

このように、人権相談では、相手に状況の改善を求め、話し合いの仲介を行うほか、法務局以外の専門機関への紹介を行っています。

## 身体拘束をなくし、虐待を防止する

介護の現場で人権を侵害するおそれがある行為として、虐待と身体拘束があります。

### ● 身体拘束ゼロマニュアル

以前は、転倒を防ぐために車いすから立てないように拘束するなどのことが、当たり前のように行われていました。しかし介護保険法の施行で見直され、国は尊厳を保持しQOL（p.39）を高める観点から、身体拘束をなくすためにすべきことや、身体拘束をせずにケアを行う原則を「身体拘束ゼロマニュアル」にまとめ、普及を図ってきました。

### ● 高齢者虐待防止法

2006年に「高齢者虐待の防止、高齢者の養護者に対する支援等に関する法律（高齢者虐待防止法）」が施行されました。

高齢者の虐待には、介護職によるものと、家族・親族など養護者によるものがあります。家族・親族など養護者による虐待の背景には、介護疲れ、経済的困窮、人間関係の問題が隠れていることがあります。また、高齢者の虐待は密室に近い空間で行われることが多く、表に出にくいという特徴があります。

**虐待の種類**

| 種類 | 内容 |
|---|---|
| 身体的虐待 | なぐる、蹴る、つねるなどの暴力的行為によって、からだに傷やあざ、痛みを与える行為や、外部との接触を意図的、継続的に遮断する行為 |
| 心理的虐待 | 暴言、脅し、侮辱などの言葉や威圧的な態度によって精神的に苦痛を与えること。子ども扱いする、無視をする、嫌がらせをすることも含まれる |
| 性的虐待 | 本人の同意なしに性的行為をしたり、行為を強要すること |
| 経済的虐待 | 本人の同意なしに財産や金銭を使用したり、本人が希望する金銭の使用を理由なく制限すること |
| ネグレクト（介護や世話の放棄） | 意図的か結果的かにかかわらず、必要な介護サービスの利用を妨げたり、世話をしないことにより、高齢者の生活環境や身体的・精神的状態を悪化させること |

虐待の程度には、当事者の自覚があるなしにかかわらず、外から見て明らかな虐待と判断でき、専門職による介入が必要な「緊急事態」「要介入」と、心身への影響は部分的か、明らかになっていない「要見守り・支援介護」があります。「要見守り・支援介護」では、知識不足や介護への負担が増していることによる不適切なケアがもとになっていたり、長年の生活習慣の中で生じた言動が虐待につながっている場合があります。

**虐待のサインが見られたら**

【養護者が発するSOSサイン】
- □ 高齢者を訪ねても会わせてもらえない
- □ 高齢者の話題を避けようとする
- □ 介護疲れの様子がうかがえる
- □ 高齢者の悪口を言う
- □ 介護について愚痴をこぼすことがある
- □ 介護について相談する人がいないようだ

【高齢者が発するSOSサイン】
- □ あざや傷があるのに尋ねてもあいまいな返事をする
- □ 衣服が汚れている
- □ 髪の毛が乱れている
- □ 話をしても視線を合わせない
- □ 長時間1人で徘徊している
- □ 養護者の悪口を言う
- □ あまり外出しなくなった

資料：法務省人権擁護局「人権啓発教材　虐待防止シリーズ　高齢者虐待」全国人権擁護委員連合会監修をもとに作成

　虐待のサインが見られたら、高齢者や養護者がSOSを出せるように支援していきます。介護職は相談を受けたら、問題を理解するように努めるとともに、自分1人でかかえ込まずに上司に相談しましょう。
　高齢者虐待には複雑な背景がある場合が多く、単独機関では解決できない場合が多いため専門職を含めたチームで支援し、事態の解決を目指します。

## 2 自立支援

### 自立と自立支援

「自立」と聞くと、人に頼らず、何事も自分で決めて自分で行うことができ、自分の収入で暮らすことができることというイメージがあるかもしれません。自立という言葉は、子どもを自立させるというような使い方をしたことはあっても、介護が必要な高齢者と自立はどんな関係があるのか、という疑問をもつ人もいることでしょう。

ここでは、介護における自立の意味と、自立を支援することの意味について考えていきましょう。

● 自分のことは自分で決める

介護保険法の第1条には、自立の言葉が出てきます。

#### 介護保険法第1条

この法律は、加齢に伴って生ずる心身の変化に起因する疾病等により要介護状態となり、入浴、排せつ、食事等の介護、機能訓練並びに看護及び療養上の管理その他の医療を要する者等について、これらの者が尊厳を保持し、その有する能力に応じ自立した日常生活を営むことができるよう、必要な保健医療サービス及び福祉サービスに係る給付を行うため、国民の共同連帯の理念に基づき介護保険制度を設け、その行う保険給付等に関して必要な事項を定め、もって国民の保健医療の向上及び福祉の増進を図ることを目的とする。

ここでいう自立には、自ら選択し、決定し、実行できるようにするという意味があります。障害や病気で思うように動けなくても、"何を食べるか""どこへ行くか""どの介護サービスを受けるか""どんな治療を受けるか"など、利用者にかかわることは、利用者自身が選び、決定するものであり、自己選択・自己決定したことを尊重し、できるように支援するのが、介護の考え方なのです。

つまり、自立には、自己選択・自己決定という意味があり、人の手を借りながらでも実行し、一部でも自分でできることがあれば自分で実行するという意味もあります。

利用者は、自分の価値観や人生観、これまでの生活習慣などをもとに、物事を選んだり決めたりします。介護職は、利用者の価値観などを尊重すると同時に利用者の選択や自己決定を尊重して、利用者が望む生活を送れるように支援します。

利用者には、重度の認知症などで意思を示すことが難しい人も含まれます。介護職は、日頃利用者と接する中でその人の価値観などを理解し、意思表示ができなくなった場合にも、その人の価値観などに沿った支援をできるだけ行うようにします。

● **できることを増やす**

障害や病気でできないことが増えたとしても、できることが1つもないということは、まずありません。一人ひとりで心身の状態は異なり、その人その人でできることがあります。ですから、「何もできない人だから何もかもお世話する」という考えで介護してしまうと、その人のできる力を弱らせ、できないことを増やすことになります。

隠れている力を残存能力といいますが、ここでは「もっている力」という言葉を使います。介護職の介護の仕方や、段差をなくすなどの環境整備、リハビリテーションなどの取り入れ方などによって、もっている力を発揮できるようになり、できることを増やすことが可能です。これも自立の1つで、できる力を伸ばすことも自立支援に含まれます。

> **コラム**

**自立支援の取り組み例**

　介護にかかわるスタッフの働きかけや、よりよい環境の整備など、さまざまな対策をとることで、利用者の生活の質が改善したり、楽しみをもって暮らしたりできるようになります。

　例えば、次のような例を参考に自立支援を考えてみてください。

【水分摂取を増やして、トイレで排便できるようになった】

　以前は笑顔の多かったAさんは、認知症が進み、おむつで排せつするようになりました。3日間排便がない場合には下剤を使っています。

　水分の摂取量が少ないことがわかり、介護スタッフは摂取量を増やそうと考えました。

　飲み物の種類を増やし、頻繁に勧めますが、Aさんはあまり飲もうとしません。そこで、水分の代わりになるように、ゼリーを勧めるとよく食べるようになりました。

　1日に2000cc以上の水分を摂れるようになると、下剤を使わず、2日に1回、トイレで排便できるようになりました。こわばっていた表情も、以前のようにやわらかくなり、笑顔を取り戻しつつあります。

【すばらしい景色を眺めながら歩くうちに歩行器がいらなくなった】

　ある施設は、大変広く、あちらこちらに海や山などのすばらしい景色を眺められるところが展望テラスのようになっています。また100点以上の絵画がいたるところに飾られています。景色や絵画を楽しみながら移動することが、リハビリになるようにとの狙いがあってのことです。その施設は、地域住民との交流を図ることを目的に、地域住民がいつでも訪れて景色を楽しんだりお茶を飲んだりできるようになっています。

　Bさんは、この施設に入居したときは、歩行器を使っていましたが、毎日広い施設内を移動するうち、1年後には歩行器なしで歩けるようになりました。

　地域住民と接することが刺激になり、よい意味で人目を気にして身だしなみにも気を遣うようになり、おしゃれを楽しむのも生活の一部になりました。

## 自立支援介護の実際

できなくなったことをお世話するのではなく、できることは自分でしてもらうことが介護の望ましい形です。利用者が自分で意思決定し、もっている力で少しでもできることを増やすように支援するのが、自立支援介護です。

### ● なぜできないのかを考える

まず今「できる」ことに注目し、それを継続していく方法を考えます。それと同時に、今はできていないことでも、できなくなっている原因を見つけて解決し、できるようにしていく方法を考えていきます。

例えば歩行が不安定になっていて出歩かなくなった利用者の場合、足腰の筋力が低下したためなのか、病気の後遺症によるものなのか、背骨（脊椎）などの病気でしびれや痛みが出ているのか、あるいはこころの問題があって動くことが億劫になっているのかなど、考えられる原因にはいろいろあります。

### ● 解決策を考える

原因がわかったら、もっている力をどうすれば活かせるか、解決策を検討します。その1つに、利用者に合った福祉用具を選ぶことがあります。歩行困難でも、すぐに車いすを使用するのではなく、つえ、歩行器などを利用する、手すりをつけたり、住宅環境を整えるなど、利用者に合った対策をとります。

こころの問題で歩行に問題が出ている場合は、本人や家族の話をよく聴きます。困っていることを理解し、課題を把握し、他の専門職とも連携しながら解決していきます。

### ● 継続を支援する

もっている力は使わないでいるとだんだん低下していくので、状態の変化に合わせて対策を修正します。

利用者に合った環境や道具を整えたとしても、高齢者はもともとからだの機能が万全ではないので、すぐに状態がよくなることはまずないでしょう。じっくりと待ちながら、本人が意欲的に取り組めるようこころの支えになることも大切です。

## 介護予防

介護予防とは、高齢者が要介護状態にならないようにすること、あるいは要介護状態の程度を軽くしたり悪化しないようにすることです。

### ●介護が必要になる原因は

要介護者などの介護が必要になった主な原因は、「認知症」が16.6％で最も多く、次いで「脳血管疾患（脳卒中）」16.1％、「骨折・転倒」13.9％、「高齢による衰弱」13.2％となっています。

**要介護者等が介護が必要になった原因**

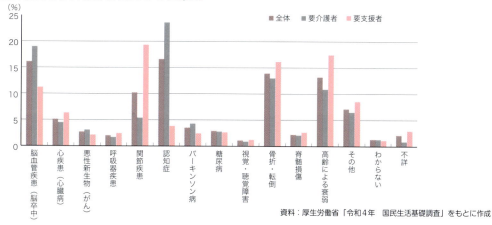

資料：厚生労働省「令和4年　国民生活基礎調査」をもとに作成

これらの結果から、高齢者ができるだけ要介護状態にならないようにするには、脳血管疾患などの原因となっている生活習慣病の予防と、生活機能や、運動能力などの低下への予防対策が重要であることがわかります。

### ●生活が不活発になると起こること

足腰が弱くなった、軽い尿漏れがある、耳が遠くなっておしゃべりを楽しめないなど、さまざまな理由で外出しなくなることがあります。動かないで

いると筋力は低下し、おなかもあまりすかなくなり栄養が不足することで筋肉量が減ることもあります。刺激の乏しい生活に慣れ、生活を楽しむ気持ちや物事に対する興味が薄れてしまうこともあります。また、かぜを引いた、検査で入院したなどの理由で安静にしている間に、筋力が低下したり関節が固くなったりすることもあります。

　このように生活が不活発になり安静にしすぎていた場合に起こりやすいのが、廃用症候群（生活不活発病）です。廃用症候群の症状には、図のようにさまざまなものがあります。

　気づいたときには、すっかりからだが弱くなり、家のちょっとした段差につまづいて転倒し骨折してしまい、寝たきりになってしまうおそれもあります。

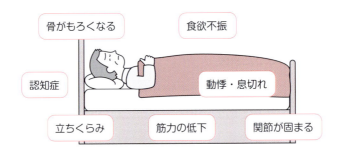

### 寝たきりにならないように

　介護が必要になっても、できるだけよい状態を維持できるようにします。
　例えば、転んで大腿骨を骨折すると、以前はそれをきっかけに寝たきりになることが多くありました。現在は、手術を受けたら、回復期リハビリテーション病棟で専門的な機能回復訓練を受けてから自宅に戻るというパターンが定着し、自宅で骨折する前と変わらない生活を送れるケースも増えています。また転倒するのではないかという不安から歩くことに消極的になる利用者の場合は、医療職や介護職が連携し、安全に積極的に歩けるように支援します。

**寝たきりゼロへの10か条**

第1条 脳卒中と骨折予防 寝たきりゼロへの第一歩

第2条 寝たきりは寝かせきりからつくられる 過度の安静逆効果

第3条 リハビリは早期開始が効果的 始めようベッドの上から訓練を

第4条 暮らしの中でのリハビリは食事と排せつ、着替えから

第5条 朝起きてまずは着替えて身だしなみ 寝・食分けて生活にメリとハリ

第6条 「手は出しすぎず、目は離さず」が介護の基本 自立の気持ちを大切に

第7条 ベッドから移ろう移そう車椅子 行動広げる機器の活用

第8条 手すりつけ段差をなくし住みやすく アイデア生かした住まいの改善

第9条 家庭でも社会でも喜び見つけ みんなで防ごう閉じこもり

第10条 進んで利用機能訓練、デイサービス 寝たきりなくす人の和、地域の和

出所：厚生省『「寝たきりゼロへの10か条」の普及について』1991年

## 3 QOLの向上

### QOLの意味

QOLは、英語の「Quality of Life」の頭文字をとった略語で、「生命の質」「生活の質」「人生の質」という意味です。

QOLは、物質やサービスなどの量が十分かどうかだけでなく、生活の満足度、幸福感、生きがいなどのこころの豊かさを重視する考え方です。

介護の現場では、利用者の心身の状態を評価し、一人ひとりに合わせた計画をつくり、それにしたがって日々の介護を行います。このときに重要なのが、利用者のQOLを向上させる点から計画を立てることです。決して、やりやすさなど介護する側の都合で計画を立てるのではないということです。

#### ●患部だけ治すのか、生活全体を見るのか

医療におけるQOLを見てみましょう。

医療は、病気やけがなどの治療を行うものです。医療にとって大切なのは病気を治すことです。病気の原因を探り、症状や患部に注目してそれをなく

すことを目指し治療が行われます。

　この考え方で治療を行うことで、病気から回復し元気でこころ豊かな生活を取り戻すようになることも、もちろん多くあります。ところが、例えば手術でがんの患部を取り除いたものの、からだのある機能が失われて生活に支障が生じることもあります。

　以前は病気を治療する側は、病気のことを中心に考えていたので生活に不自由があったとしても、患者の治療は成功だと考えるのが一般的でした。一方、日常生活に戻った患者はこれでよかったのか、別の治療法はなかったのかと後悔する……。つまり、患者にとってはQOLが損なわれてしまうということもありました。

　このようなことに対する反省から、現在、医療の現場ではQOLを重視するようになり、前もってどのような治療法があるのか、治療の選択肢を説明したり、QOLを損なわないような治療法を提案したりして、患者と話し合いながら治療法を決めるということが行われるようになっています。

● 介護では、何を重視する

　食事、着替え、移動、排せつ、入浴など、日常生活を送るうえで欠かせない基本的動作をADL(Activities of Daily Living：日常生活動作)といいます。

　利用者は、程度の差はありますが、何かしらADLが低下しています。介護では、ADLが低下して生活に支障が生じたところ、できなくなったところを手助けします。しかし、QOLに基づいて考えると、それだけでは不十分です。

　利用者の生活は、食事や排せつ、入浴だけで成り立っているわけでなく、社会的な活動、役割を果たす活動、喜び・楽しみの活動など、さまざまなものから成り立っています。もちろん、食事、排せつ、入浴などもQOLにかかわっています。おむつを使うより、自分でポータブルトイレで排せつする、トイレに移動して排せつする、というほうが、QOLが高いと評価できます。社会的な面、役割の面、喜び・楽しみの面でもQOLを向上させるように支援するのが、介護におけるQOLと考えましょう。

**QOLを構成する要素**

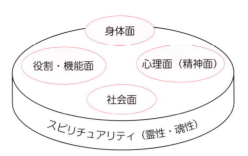

資料：第14回 浜松オンコロジーフォーラム 下妻晃二郎「QOLの正しい評価方法を学ぶ」をもとに作成

### ● 高齢期のQOLと介護

高齢期のQOLは他世代と異なる要素があり、求められる支援も違います。まず、高齢期の次のような特徴を理解しましょう。

- 長い間歩んできた人生の集大成の時期で、それまでつちかってきた知識や経験を次世代に伝える役割がある。
- 加齢による障害が出て、医療や看護、介護が必要になりやすい。
- 退職や子どもの自立、身近な人との死別といった環境の変化から、生きる目標を失うこともある。

現役時代とは違ったライフスタイルや生きがいを見つけなければいけないのに、今までのようには行動できなくなり、自分で選んで決める生き方ができにくくなる。

### ● 生きがいをもてるように支援する

高齢期にある人々には、老化や病気による身体機能の低下を受け入れ、環境の変化に合わせて生きる目標を再設定できるようにする支援が必要です。

介護職は利用者の社会的活動や趣味、信仰にも触れる機会があるので、生活援助や身体介護などのほかに、考え方や価値観を深く理解して対応する姿勢が求められます。

例えば、穏やかに過ごしたい、迷惑をかけたくない、今までの実績を失い

たくない、やり残したことを実現したいなど、利用者がもつQOLの尺度は多様です。それを受け止めながら適切なケアをすることが、利用者のQOLを向上させるためにも大切です。

介護職は実際の介護の場面で利用者の状態をよく観察し、QOLが低くなっていることがあれば、介護チームでその原因を探り、解決策を見いだしてQOLを高めるための支援をします。

**閉じこもりになりやすい要因**

| 【身体的要因】 | 【心理的要因】 | 【社会・環境要因】 |
|---|---|---|
| ・歩行能力の低下<br>・IADL※1 障害<br>・認知機能の低下<br>・散歩・体操や運動をほとんど行わない<br>・日常生活自立度の低下<br>・下肢の痛み | ・日常生活動作に対する自己効力感※2の低さ<br>・主観的健康観の低さ<br>・うつ傾向<br>・生きがいがない | ・高齢であること<br>・集団活動などへの不参加<br>・家庭内の役割が少ない<br>・社会的役割の低さ<br>・親しい友人がいない |

※1 IADL（Instrumental Activities of Daily Living）：自立した社会生活を可能にする手段としての動作で、「手段的日常生活動作」と訳される。
※2 自己効力感：その行動がうまくいくための能力が自分にはあるという信念のこと。
資料：厚生労働省「閉じこもり予防・支援マニュアル（改訂版）」安村誠司（分担研究班班長）、2009年をもとに作成

**ボランティア活動の有無がQOLの低下に及ぼす影響**

資料：厚生労働省「閉じこもり予防・支援マニュアル（改訂版）」安村誠司（分担研究班班長）、2009年をもとに作成

● **意思表示できない利用者に対して**

重度の認知症高齢者など、自らの意思や感情などを示すことが難しい利用者に対しては、QOLの向上をどのように考えればよいのでしょうか。その場合にはその人が望むその人らしい生活は何かを考え、その実現のための環境を整えるように支援しましょう。つまり、介護や医療分野のQOLの考え方

では、いかに利用者が困難な状況においても「その人らしさ」を実現するという、ケアする側の姿勢が大切です。その人の歩んできた道のりを理解して、高齢期の生活を支えることが求められます。

## 4 介護職の役割と専門性

### 介護の専門性とは

　介護というと、排せつ介助、食事介助、入浴介助などを行う職業をイメージすることが多いと思いますが、介護は高齢者の生活全体に携わる仕事です。

　高齢者と対話したり生活の様子を観察しながら情報を集め、分析して課題を明らかにします。課題を解決してQOLを高められるような介護方法を見つけ、実践していくのが介護の専門職の仕事です。

**介護職の専門性**

| 分類 | 内容 |
|---|---|
| 介護を実践する | ・利用者の日常生活を理解する<br>・介護を行うための知識や技術を習得する<br>・利用者の自立性を高める<br>・利用者が生きる喜びと意義を見いだせるように支援する<br>・介護予防に対応する<br>・利用者が社会と接触できるように働きかける<br>・利用者をよく観察し、安全を確保し、異常をより早く発見する |
| 介護を実践するにあたって行う業務 | ・利用者の情報を収集する<br>・介護の記録・申し送りをする |
| 介護職としての倫理を守る | ・利用者の尊厳、自己決定権を守る<br>・個々の生活習慣・文化や価値観を尊重する<br>・利用者の安全を守る。利用者の害になることをしない<br>・利用者のプライバシーを保護する<br>・節度やマナーをもった態度で利用者に接する<br>・他の職員と協調・協働する |

資料：公益社団法人　日本介護福祉士会ホームページ「介護福祉士の専門性」をもとに作成

●想像力、知識、技術を駆使

　おむつを使用している利用者の排せつ介助を行うことになったとします。

介護職はまず、本当におむつが必要か、別の方法で失禁を防げるのではないかと模索します。

「タイミングよく声をかけてトイレに誘導できないだろうか？」「排尿間隔の程度は？」「水分摂取量は？」「尿量は？」「トイレに移乗するときの歩行の様子は？」「トイレでの座位姿勢は？」などあらゆる点から現状を把握し、おむつをすることが適切なのか、QOLを高めるためによりよい方法はないかなど考察します。

もしおむつを外せるとなれば、おむつからリハビリパンツへ、尿とりパッドからパンツへと段階を踏むなど、進め方やおむつの種類などまで考えます。

この時間に誘えば大丈夫そう…

何の疑問もなくおむつを交換するのではなく、1つずつの事例に対して想像力を働かせ、もてる知識と技術を駆使するのが専門職としての介護の仕事です。

● **介護職の仕事**

利用者の自宅を訪問して行う介護サービスを訪問介護といいます。これは、介護保険制度の給付対象になるサービスです。また、訪問介護を行う介護職を訪問介護員といいます。訪問介護員が利用者の自宅で行う介護の仕事は、身体介護と生活援助の大きく2つに分けられています。

- 身体介護：利用者のからだに直接接触し行う介助サービス。利用者のADLや意欲の向上のために利用者とともに行う自立支援のためのサービス。専門的知識や技術で日常生活・社会生活のために行うサービス。
- 生活援助：掃除、洗濯、調理など、利用者本人の日常生活の援助（利用者が一人暮らしであるか、家族が病気などで家事を行うのが困難な場合）。

訪問介護を行うのは、介護福祉士の資格をもつ人、介護職員初任者研修や実務者研修を修了した人です。生活援助従事者研修を修了した人は、生活援助のみ行うことができます。

**訪問介護サービスの内容**

**【身体介護と生活援助】**

| 身体介護 | 生活援助 |
|---|---|
| ・移動・移乗介助<br>・食事介助<br>・清拭、入浴、身体整容<br>・排せつ介助<br>・体位変換<br>・外出介助<br>・起床および就寝介助<br>・服薬介助・見守り　など | ・一般的な調理<br>・洗濯<br>・掃除<br>・買い物、薬の受け取り<br>・ベッドメイキング<br>・衣類の整理、被服の補修<br>・配膳、下膳<br>など |

**【生活援助にあたらないものの例】**

| 利用者以外にかかわるもの | ふだんの家事では行わないもの |
|---|---|
| ・同居する家族の食事の調理<br>・家族の部屋の掃除<br>・ペットの世話<br>・来訪者への接客　など | ・草むしり　・窓ガラスふき<br>・大掃除　・床のワックスがけ<br>・季節の特別な料理の調理<br>・洗車　・家具などの修理や移動　など |

## 心身の状態を評価して計画を立てる

　介護サービスを利用する場合、まずケアマネジャー（介護支援専門員）が、利用者の心身や生活の課題を把握し、それに合わせてどんなサービスをどれくら

い提供するかという計画（居宅サービス計画。ケアプランとも呼ばれる）を作成します。この計画作成には、利用者や家族の意向が重要で、ケアマネジャーや各サービス事業者と話し合って利用者が納得すると、計画が確定します。

　また、各サービス事業者は、担当するサービスについての計画を立てます（個別援助計画または個別介護計画）。ここでも、事業者が、利用者の心身や生活の課題を把握し、例えば「一人で車いすで外出する」という目標があり、そのための方法として、一部介助で車いすに移乗するように支援する計画を生活課題ごとに立てます。計画を立てたら、それに基づいて介護を行い、その実践を評価したり、計画を見直したりします。このような流れは「介護過程」と呼ばれます。

**介護過程の流れ**

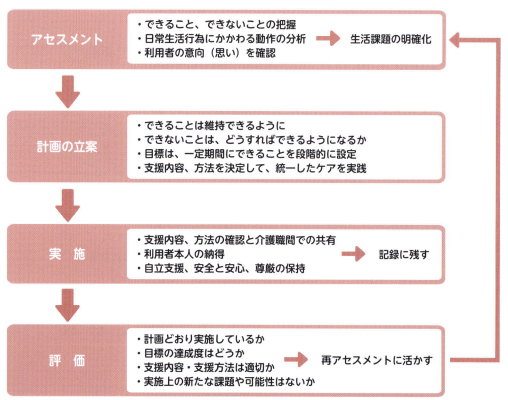

出典：『介護職員初任者研修課程テキスト3』日本医療企画

## 介護職の倫理観

　介護職は介護を必要としている高齢者をケアする立場にあるため、人としての倫理観が特に問われる職業です。介護職が守る主な倫理には次のようなものがあります。

- 誠実さは介護職がもつべき姿勢の根幹であるため、個人的なことに利用者を巻き込んだり利用するようなことはしない。誠実な人は言動のすべてに真心がこもっている。それが利用者にも伝わる。
- 介護職は利用者や家族の信頼を得てこそ、成り立つ職業なので、あらゆる不正行為にかかわってはいけない。介護職は介護の専門職として能力を発揮することでこそ、社会から認められる。社会的な信用を失うようなモラルに反する行為をすると、社会福祉全体の信用を失うことになる。
- 利用者から知り得たことは人権にかかわる重要な情報のため、自分の家族に利用者の話をするのも秘密保持義務に反する行為である。

## 多職種との連携

利用者の介護には、さまざまな専門職のスタッフが連携してかかわります。それぞれの専門性を活かし、利用者・家族の心身の状態や環境に合わせてケアにあたっています。それぞれの業務内容、範囲を知っておきましょう。

**ケアチームの主な職種と役割**

| 職　種 | 主な役割 |
|---|---|
| 医師 | 病状管理や診察、医療スタッフへの指示 |
| 歯科医師 | 虫歯の治療や義歯の調整、口腔ケア指導 |
| ケアマネジャー（介護支援専門員） | ケアプランの作成、サービス調整、担当者会議の開催 |
| 介護職員 | 身の回りの世話、家族のサポート、環境整備 |
| 訪問看護師 | 病状の確認、医師の指示に基づく医療的処置 |
| 管理栄養士 | 栄養マネジメント、病状に応じた献立、食事の提案 |
| 理学療法士 | 基本的動作能力の回復を図るための指導 |
| 作業療法士 | 応用的動作能力等の回復を図るための指導 |
| 薬剤師 | 薬剤管理の指導、服薬状況の確認 |
| 福祉用具専門相談員 | 福祉用具の選定、調整、使用方法の助言 |
| ソーシャルワーカー | 社会資源に関する情報提供、利用相談、機関調整 |
| カウンセラー | 利用者本人やその家族のこころのケア |
| ボランティア | 話し相手、家事の代行、趣味や娯楽の提供 |

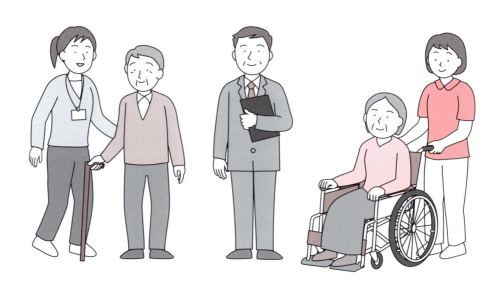

### 地域で支える

日本では、介護が必要になっても、住み慣れた地域で最期まで暮らせるように、介護や医療、生活支援などのサービスを地域の特性に合わせて提供していこうと考えられています。これを地域包括ケアシステムといいます（p.11）。サービスの担い手には、これまでのサービス事業者ばかりでなく、住民のボランティアや元気な高齢者が力を発揮することが期待されています。

**地域包括ケアシステム**

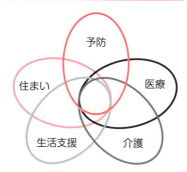

出所：厚生労働省資料

#### ● 地域包括支援センター

高齢者が介護などで困ったときの相談先に地域包括支援センターがあります（p.12）。このセンターでは、虐待を防ぐ活動や、介護が必要なのに介護を受けていない高齢者を支援する活動、介護予防の活動などを行っています。これからは、介護職も地域に目を向け、地域包括ケアシステムをつくる一員としての役割も求められるでしょう。

> ☑ **チェックポイント**
> ・「尊厳の保持」「自立支援」「QOLの向上」の理解は深まりましたか。
> ・介護職の倫理、仕事内容、役割について理解しましたか。

## 2 生活支援技術の基本

> **学習のポイント**
> ・身体介護（移動・移乗介助、食事介助、入浴・清潔保持、排せつ介助、着脱、整容、口腔清潔）の基本的な方法を学びます。
> ・生活援助（調理、洗濯、掃除、買い物、ベッドメイキング、衣類の整理、薬の受け取り）の内容を学びます。

### 1 移動・移乗介助

　移動とは、ある場所から次の場所へ動くことです。移乗とは、ベッドから車いすへなど、ものからものへ乗り移るときの動きをいいます。

　しかし、筋力や関節の動きの低下、まひ、視覚・聴覚の障害などがあると移動が困難になります。ほかにも、うつ病などによる意欲の低下で移動しなくなる、段差が多いといった環境要因によって移動が難しくなるなどもあります。

● 移動・移乗介助の例

　移動・移乗の介助は、介護する側と介護を必要とする側が効果的で楽に動けるようにボディメカニクスを活用して行います（p.20参照）。

　介助するときは、「これからからだを動かしますね」と、利用者にきちんと伝え、動く準備をしてもらいましょう。

　ここでは、移動・移乗の介助の例として、片まひのある人のつえを使用した歩行の介助について説明します。基本介助は、次のとおりです。

①介護職は、まひのある側（患側）のやや後方に立ち、利用者の腰や患側上肢を支える。または見守る。
②三動作歩行の場合は、つえ→患側→健側の順で、二動作歩行の場合は、つえ・患側→健側の順で進む。
③階段を上がる際は、つえ→健側→患側で上がる。下りる際は、つえ→患側→健側の順で下りる。階段の昇りだけがつえ→健側→患側の順であることを知っておく。
④安全や体調を確認する。

**三動作歩行**

①

②つえを一歩前につく

③患足を一歩前に出す

④健足をそろえる

介護職は、患側に立つ。または見守る

出典：『実務者研修テキスト4』（日本医療企画）／『ホームヘルパー養成講座2級課程ホームヘルプサービス介護の技術を学ぶSTEP3』日本医療事務センター

## 2　食事介助

　食事介助では、姿勢を整える、食べ物を口に運ぶ、栄養状態や飲み込みの状態（嚥下状態）を確認する、口腔の清掃を行うなど、総合的に支援します。

**訪問介護での食事介助の流れ（例）**

| 【食前】 | 【食事中】 | 【食後】 |
|---|---|---|
| ・うがいで口の中の雑菌を洗い流す。健口体操（p.26）で唾液の分泌を促す。<br>・のけぞったり前かがみ（前傾姿勢）になっていないか、姿勢を確認する（誤嚥予防）。 | ・献立を説明してから食事を開始する。<br>・利用者の横に座って目線を合わせる。食器から適量をスプーンにのせる。スプーンを下側から口に運び、口の中に入れる。<br>・飲み込んだか、口の中に食べ物がたまっていないか確認する。 | ・口腔清掃を行う。<br>・すぐに横にならないように伝える（誤嚥を防ぐため）。 |

## 3 入浴・清潔保持

　入浴はからだを清潔にするだけでなく、血行を促進して筋肉の緊張や痛みをやわらげたり、排せつを促す効果があります。一方で、浴室の濡れた床で転倒する、居室と脱衣所など急激な温度変化で血圧が大きく変動するなどの危険性もあり、入浴介助には十分な注意が必要です。

　頻繁に入浴できない場合は、蒸しタオルでからだを拭く清拭(せいしき)を行います。傷、湿疹(しっしん)、褥瘡、むくみなどはないか、皮膚の状態も確認します。

　手浴、足浴など部分浴を行うこともあります。

**シャワーチェアを使った入浴介助の例**

- シャワーチェアは、湯をかけて温めておく
- 利用者に座ってもらい安全を確保する
- 湯温を介護職が手で確認する。利用者にも手で確認してもらう
- シャワーでからだを温める。足先、手先にかけてから体幹に湯をかける
- 石けんをつけた浴用タオルを利用者に渡し、利用者ができるところを洗ってもらう
- 利用者ができないところ、手の届かないところを介護職が洗う。臀部などは、利用者に手すりや浴槽の縁、介護職の腕などにつかまり前かがみになってもらい、洗う
- シャワーで石けんを洗い流す

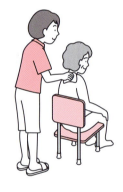

## 4 排せつ介助

　まひなどの障害で排せつの動作が難しくなった場合や、排せつ機能に障害がある場合、排せつ介助が必要となります。排せつ介助では、トイレへの誘導、衣服の着脱、陰部の清潔、おむつ交換などを行います。

　排せつ介助を受けることには恥ずかしさが伴います。自尊心など利用者の気持ちに配慮することが大切です。トイレに手すりがあると、自分でできる部分が増えてプライバシーを守りやすくなるのと同時に、利用者の力を活用することにもつながります。

　健康状態を把握するために、排せつ物や皮膚の状態をさりげなく観察します。

**トイレ介助の例**

・トイレの手すりを握って立ってもらい、ひと声をかけてから、利用者の背後からズボンや下着を下ろす
・介助者は前方から利用者を支え腰を下ろし、利用者にゆっくりと便座に座ってもらう
・落ち着いて排せつできるように、介護職は外で待つ。必要なときはすぐに支援することを伝えておく
・排せつが終了したころを見計らって声をかける
・利用者ができる場合は、利用者に肛門を拭いてもらう。利用者ができない場合は、声かけしてから介護職が拭く

資料：内田千恵子『介護の基本テキスト　はじめて学ぶ介護』(日本医療企画)をもとに作成

## 5 着脱

　まひなどの障害で1人でうまく着替えができない場合は、支援が必要になります。外出予定がなくても朝はパジャマから普段着に着替え、寝るときにパジャマに着替えることで1日の生活リズムを整えることができます。入浴のあと、服を汚してしまったときなどはそのつど着替えをし、いつも清潔な服を身に着けられるように支援します。

### 1人ではできないところを手伝う

　着替えの一部を自分でするだけでも、身体機能の低下予防につながります。利用者が自分でできるところはなるべく自分でしてもらい、できない部分だけ手伝うようにします。

　衣服は利用者の好みを尊重したうえで、からだの状態に合ったデザインや形のものを用意してもらうとよいでしょう。

　着脱介助の方法は、寝たきりかまひがあるかなど利用者の状態によって変わります。例えば片まひの場合は、原則としてまひのない側（健側(けんそく)）から脱ぎ、まひのある側（患側(かんそく)）から着ます。まひのある側（患側）をあまり動かさずに着替える方法です。

片まひの人の脱ぐときと着るとき

【脱ぐ】
上着を脱ぐときは、健側の腕を先に脱ぎ、健側の手で患側の腕を脱ぐ

【着る】
上着を着るときは、患側の腕を先に袖に通す

出典：『介護職員初任者研修課程テキスト3』（日本医療企画）／太田仁史、三好春樹監修『完全図解 新しい介護』講談社、130-131ページより一部改変

##  整容

　整容とは、洗顔、整髪、歯磨き、爪切り、耳かき、ひげそりなど身だしなみを整えることです。整容はからだの清潔を保つだけでなく、新陳代謝(しんちんたいしゃ)を高め、感染予防になります。気分転換にもなり、意欲や生活の質の向上にもつながります。

　なお、家族が行える行為であっても介護職ができない行為があります。通常の爪切りは医療行為とはされませんが、病気で治療中の爪を切ることや耳垢が耳の穴をふさいでいる場合の耳かきなどは医療行為に該当します。

## 7 口腔清潔

　自分で十分にうがいや歯磨きができない場合は、口腔ケアの介助が必要になります。介助の方法は自立度によって異なりますが、基本的には歯ブラシを使った清掃を手伝います。

　歯ブラシを持って手を動かすことも機能低下防止につながります。自分で磨く意欲を大切にし、必要に応じて介助します。口の中は繊細(せんさい)なところで、他人に歯ブラシなどを入れられるのを嫌がる利用者もいます。口の中がきれ

いに気持ちよくなると感じてもらえるように気をつけます。

口腔ケアでは、マスクと使い捨て手袋を着用します。口の中がよく見える姿勢をとり、水や唾液を誤嚥しないように利用者にはあごを引いてもらいます。入れ歯は取り外し、汚れているところを確認しながらブラッシングします。最後に、汚れが残っていないか、出血や口臭がないかを確認します。

## 8 生活援助にかかわる介護や支援の基本的な方法

生活援助には、調理、洗濯、ベッドメイキング、掃除、買い物、衣類の整理、薬の受け取りなどがあります。

### 調理
利用者の咀嚼・嚥下機能や好みに合わせて調理します。食材本来の姿や味わいをなるべく生かしながら、切り方や火の通し方、とろみのつけ方、のど越しをよくするために油脂やゼラチン・寒天を活用します。

食品は十分に加熱する、調理器具やふきんなどをこまめに洗浄・乾燥するなど、食中毒予防を心がけます。

### 洗濯
洗濯は通常、洗濯機を使って洗い、ベランダや庭に干し、日光でよく乾かします。洗濯の仕方は人によってさまざまです。前もって、白いものなど洗濯物の仕分け方、洗剤の使用量、漂白剤や柔軟剤の使用の有無、干し方などについて利用者に確認し、それにしたがって行います。

### ベッドメイキング（シーツ交換）
シーツや布団カバーの交換は、できるだけほこりを立てないように、静かに行います。布団の場合は上げ下ろしを行います。布団は天日干しにするか布団乾燥機で乾燥させます。

### 掃除
居室、トイレ、浴室、台所などを掃除します。

窓を開けて空気を入れ替え、ほこりを立てないように気をつけながら掃除機をかけ、床拭きをします。なお、介護職が行えるのは利用者の居室のみです。家族の部屋は掃除しません。

　ゴミの処理も行います。ゴミをまとめたり、ゴミを集積所に運びます。

　介護職が処分するものと思って捨てたら、利用者にとっては大切なものだった、ということもあります。必ず利用者に確認してから処分しましょう。

### 買い物

　日常品などの買い物はできれば利用者と一緒に行きます。介護職は、利用者のもののみ買うのが決まりです。介護職だけで行く場合、事前に買い物リスト、店舗などを利用者と確認します。預かった金額、値段（レシート）、残金なども利用者と確認し、トラブルにならないようにします。

| 買い物リスト |
| --- |
| トイレットペーパー |
| ティッシュ |
| 牛乳 |
| ヨーグルト |

### 衣類の整理

　洗濯ものをたたみ、クローゼットやたんすなどに収納します。防虫剤や防湿剤の使用について利用者に確認しましょう。衣替え、ボタン付けなど衣類の補修、アイロンがけも必要に応じて手伝います。

### 薬の受け取り

　訪問診療で処方箋（しょほうせん）が出されたときや、持病の薬を処方されていて前回と容態が変わらない場合は、介護職が薬局に薬を受け取りに行くことができます。受診の手続きや医療費の支払い代行も必要に応じて行います。

---

**✓ チェックポイント**

・身体介護の基本的な方法を理解しましたか。
・生活援助の内容を理解しましたか。

2 生活支援技術の基本

# 3 老化の理解

> **学習のポイント**
> ・老化に伴って起こるこころとからだの変化を学びます。
> ・老化によるこころとからだの変化が日常生活に与える影響を理解します。
> ・高齢者がかかりやすい病気と生活上の注意点を学びましょう。

## 1 老年期の発達と老化に伴う心身の変化の特徴

### 心身の機能の低下の変化

　老化とは、加齢の影響で心身の機能が低下することです。臓器を構成している細胞の数がだんだんと減り、細胞自体の働きが低下することで、老化が進んでいきます。

　老化は、誰にも起こることですが、現れ方や進み方には、個人差があります。見かけは若くても腎臓（じんぞう）の機能低下が早めに起こっている、しわや白髪などで老けて見えるけれども内臓の機能はそれほど低下していないなど、人によってさまざまです。

　介護職は、老化の影響について理解し、利用者の状態を観察し、接し方に注意する必要があります。

　また、身体的機能は衰えても発達していく知能もあるといわれています。高齢者は新たなことを学んだり、新しい環境に順応したりすることは難しくなりますが、言語の流暢さや数的処理能力は若い人より優れているといわれています。さらに、数学や芸術的な分野などの独創性は他の世代と差がなく、例えば、画家の85％が老年期に創造性が最高になるといわれています。

### ● 抵抗力が低下する

歳をとると病原体からからだを守る防御（免疫）機能が低下して、抵抗力が弱くなります。その結果、かぜや肺炎などの感染症にかかりやすくなります。

### ● 回復力が低下する

からだの状態をもとに戻そうとする回復力が低下します。そのため、感染症にかかりやすくなると同時に、感染症から回復するのに時間がかかり、逆に重症化したり、かぜから肺炎を併発したりすることもよくあります。また、感染症に限らず、ちょっとした打ち身や傷などの治りが悪くなったり、痛みが長引いたりします。

疲れもとれにくく、疲労回復に時間がかかります。

### ● 予備力が低下する

加齢とともに無理や頑張りがきかなくなります。

予備力とは、日常の軽い動きを上回る最大限の体力やからだの機能のことで、それが若いころより減り、速く歩いたり走ったり、重い荷物を運搬したりなど、いつも以上の活動を長く続けることが難しくなります。

### ● 適応力が低下する

環境の変化やからだの状態に合わせてからだの機能を保持し、いつもどおりに活動できるように順応する力を適応力といいます。老化が進むと適応力が弱くなり、例えば気温の変化や、家電製品が新しくなって使用方法が変わったなど、物理的な変化に適応することが苦手になります。

### ● 感覚機能が低下する

多くの人は40歳ごろから視力が低下し、老眼が始まります。小さな文字が見えにくくなり、老眼鏡が手放せなくなります。レンズの役割を果たす眼の水晶体が濁って見えにくくなることもよくあります。

耳の聞こえも低下します。老人性難聴が進むと、周囲の人の話が聞こえないのにわかったふりをしたり、テレビの音量を極端に大きくしたりすることになり、対人関係や生活に支障が生じることがあります。

温度の変化や口の渇きも感じにくくなり、熱中症も起こしやすくなります。

### ● 反射の働きが低下する

反射的なからだの動きが低下し、とっさに動くことが難しくなり、危険な目に遭いやすくなります。これには、視力や聴力の低下も影響します。

### ● 喪失体験

親しい人が亡くなったり、大切な何かを失ったりする体験を喪失(そうしつ)体験といいます。

人は、年齢を経るごとに体験を重ね、人と出会い、多くのものを得ていきます。一方で、配偶者や友人、地位、役割などを手放す喪失体験も老年期には避けがたい事実として表れます。高齢者の心理の奥底にはこの喪失体験があります。喪失によるショックが続くと認知機能や身体機能にも影響が及び、こころやからだの病気を招くことがあります。

**喪失体験のいろいろ**

| 自信の喪失 | 存在意義の喪失 | 人間関係の喪失 |
|---|---|---|
| 自信がなくなった | 何をすればいいの | 理解者がいなくなった |
| ・以前は楽に歩けたのに今はできない<br>・記憶力が悪くなった<br>・集中できなくなった<br>・しわやしみが多くなった | ・子どもが独立して料理の腕が振るえない<br>・するべき仕事がない<br>・部長としての役割がなくなった | ・配偶者が亡くなった<br>・友人が亡くなった<br>・子どもとの同居で引っ越すことになり、友人と別れた |

人は何かを失った場合、ショックで混乱したり、怒りを周囲の人にぶつけたりすることがあります。自分を責めることもあります。介護職は、利用者のそのような気持ちを理解することが大切です。

多くの人は、時間が経つとともに新しい状況に慣れ、楽しみを見いだして生活できるようになります。介護職は、そうなるまで、利用者を見守り、支援していくようにしましょう。

## 2 老化に伴うこころとからだの変化と日常生活への影響

### 身体的機能の変化と日常生活への影響

　個人差は大きいものの、老化は誰にでも起こる現象です。老化による身体的機能の変化には、例えば次のようなものがあります。

**身体的機能の変化の例**

- 脳の重さが減る。
- 骨がもろくなる。
- 筋力が弱くなる。
- 歩く速度が遅くなる。
- 歯ぐきがやせる。
- 唾液(だえき)が少なくなる。
- 老眼になる。
- 視野が狭くなる。
- 聞こえが悪くなる。
- バランス感覚が悪くなる。
- 膝など関節が痛む。
- とっさの反応が鈍くなる。
- 血圧が高くなる。
- 肺活量が少なくなる。
- 記憶力が低下する。
- 消化液の分泌が減る。
- 肝臓(かんぞう)の解毒(げどく)機能が低下する。
- 腎臓の排せつ機能が低下する。
- トイレが近くなる。
- 尿漏れが起こる。

## 日常生活への影響

老化により身体的機能が低下することで、日常生活にも不便なことや困ったことが起こります。若い人、元気な人には想像もつかないことで、高齢者は困っていたりします。

### 高齢者の生活での困りごとの例

- 信号が青の時間内に、横断歩道を渡りきれない。
- 自転車のベルの音に気づかず、自転車に乗っていた人にしかられた。
- 薬の副作用が出やすくなった（薬の成分が長く体内に残る）。
- 肩や腰の痛みなどがなくなるのに、半年以上かかる。
- 気づいたら、青あざができていて、いつぶつけたかわからない。
- 爪が見えにくいので、爪を切るのが怖い。
- 踏み台にのぼるとふらつくので、電球を替えられない。
- 膝の痛みで、床のものを拾えない。
- 湯たんぽで低温やけどを負った。
- 尿漏れが心配で、外出を避けるようになった。
- テレビの音を大きくしたら、家族にしかられた。
- 会話に「あれ」や「それ」が増えて、正しく伝えられない。
- 久しぶりに会った人の名前が思い出せない。
- 食べる量が減って、いただき物の野菜を腐らせてしまった。
- 食べ物がのどにひっかかっても、せきが出にくく、なかなか出せなかった。

危ないでしょ！

尿漏れが心配……

## 咀嚼・嚥下機能、消化機能の低下

　食べ物をかんで細かくする働きを咀嚼機能といいます。細かくなった食べ物を飲み込み、胃に送り込む働きを嚥下機能といいます。胃に入った食べ物を体内に取り込めるように、食べ物をこねたり、成分を分解したりする働きを消化機能といい、このような機能にも、高齢になると変化が生じます。

### ● 歯の数やかむ筋肉の変化

　かむ働きが低下する大きな原因の1つが、歯の数の減少です。

　永久歯は、親知らずの4本を含めると32本あります。ところが、歯を支える骨に炎症が起こる歯周病にかかると、その骨が長い間に徐々に溶けて、最後には支えがほとんどなくなって歯が抜けてしまいます。その結果、歯の数が減ってしまうのです。

　歯が20本残っていれば、何でもよくかんでおいしく食事できるといわれています。しかし、人によっては、20本以下に歯が減ってしまい、入れ歯（義歯）が必要になります。

**歯周病と歯を支える骨**

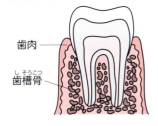
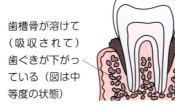

資料：『実務者研修テキスト7』（日本医療企画）／日本口腔保健協会『介護のための口腔保健マニュアル』医歯薬出版をもとに作成

　また、口やその周囲の筋肉が弱ったり、唾液の量が減ったりすることもかむ働きを低下させます。

### ● のどぼとけの位置と飲み込み

　かんだ食べ物を"ごくん"と飲み込むとき、のどぼとけの位置が一瞬上がり、その後もとの位置にもどります。のどに手を触れるとその様子がわかります。この一瞬に、肺への入り口にふたがされることで、食べ物は食道へ送

り込まれます。

　ところが、高齢になるとのどぼとけの位置が下がり、ごくんと飲み込むときの上げ下げの動きに以前より2秒、3秒と余分に時間がかかるようになります。すると、気管の入り口が閉じにくくなり、食べ物や唾液がのどにとどまり気管に入りやすくなります。

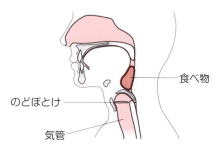

飲み込むときののどの状態

資料：『介護職員初任者研修課程テキスト3』（日本医療企画）／介護福祉士養成講座編集委員会編『新・介護福祉士養成講座 こころとからだのしくみ』第3版、中央法規出版、140ページをもとに作成

　食べ物や唾液が気管に入ってしまうことを誤嚥といいます。飲み込む働きの低下や誤嚥が起こる原因には、ほかにもさまざまなことが関係しており、脳梗塞などの後遺症などでも起こりやすくなります。

● 胃の粘膜の萎縮や動きの低下

　食べ物を消化し栄養を吸収する働きには、胃、小腸、大腸などがかかわっています。これらに起こりやすい変化は、次のようなものです。

胃　：粘膜が萎縮し、胃酸の分泌が低下する。弾力性が低下し、食べ物をためられる量が減る。波打つような動き（蠕動運動）が弱まり、食べ物を小腸へ運ぶ働きが低下する。

小腸：消化液の分泌が低下し、消化吸収が悪くなる（小腸は、比較的、加齢の影響が少ないとされている）。

大腸：蠕動運動が低下する。ほかにも、腹圧が低下する、肛門を締める筋肉が弱くなるなどが起こり、便秘が起こりやすくなる。

● 低栄養が起こりやすい

　たんぱく質やエネルギーなど、栄養が不足した状態を低栄養といいます。かむ、飲み込む、消化吸収などの働きの低下は、低栄養を招く原因の1つ

になります。

　利用者の食事量や食事するときの様子、急にやせてきていないか、などに気をつけ、心配なことがあれば、かかりつけ医や看護師などに相談するようにします。

## 筋肉・関節・骨の変化

　からだを自由に動かすための器官、筋肉、関節、骨を「運動器」といいます。3つの運動器のどれか1つでも働きが悪いと、からだをうまく動かすことができません。運動器の働きが下がることは歩行困難や痛みにつながり、生活の質（QOL）の低下に直結します。

**筋肉などの変化**

| 筋肉 | 関節、関節軟骨（なんこつ） | 椎間板（ついかんばん） |
|---|---|---|
| 骨を支え脳からの指示で関節を動かし運動させる | 関節は、骨と骨が連結する部分。関節軟骨が関節への衝撃を和らげ動きをスムーズにする | 背骨の骨と骨の間にある軟骨。衝撃を和らげ、背骨を支える |

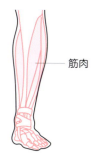
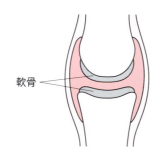
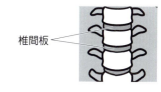

### ● 筋肉量、骨量が低下する

　筋肉量のピークは20〜30歳代です。80代の筋肉量は20〜30歳代の約6割に低下。筋力も加齢とともに弱くなり、とっさの動きや持久力も落ちます。

　骨に含まれるカルシウムなどの成分量（骨量）のピークも20〜30歳代です。骨でも新陳代謝が起こっており、骨は壊されてはつくられるということが繰り返されています。

　老年期になると、骨をつくる働きが骨を破壊する速度に追いつかなくなっ

て、骨がもろくなります。これが骨粗鬆症という病気で、特に閉経後の女性に多く見られます。骨粗鬆症になると、背骨（椎骨）がつぶれて（圧迫骨折）姿勢を保つことが難しくなり、背中が丸くなったりします。また、大腿骨などを骨折（p.72）するリスクが高まります。

**骨量の年齢変化**

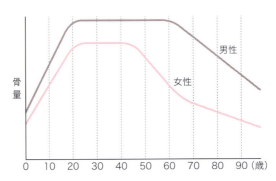

資料：健康長寿ネット「ロコモティブシンドロームの原因」をもとに作成

● 関節がすり減る

老化により骨や軟骨がすり減ったり、骨のトゲ（骨棘）ができると関節に痛みや腫れが現れます。痛みや腫れは体重がかかりやすい膝や股関節に最も多く発症し、変形性膝関節症（p.75）や変形性股関節症になると関節の動く範囲（可動域）が狭くなって歩行困難を招きます。

## コラム

### ロコモティブシンドローム（ロコモ）

運動器のいずれか、あるいは複数に障害が起こり、立ったり歩いたりしづらくなっている状態を「ロコモティブシンドローム」といいます（2007年、日本整形外科学会が提唱）。健康寿命（健康上の問題がない状態で日常生活を送れる期間）を延ばしていくためにも運動器を長もちさせ、ロコモを予防することが超高齢社会日本の切実な課題です。

資料：日本整形外科学会公認ロコモティブシンドローム予防啓発サイト「ロコモチャレンジ」をもとに作成

## 体温維持機能の変化

体温は、脳の働きによってほぼ一定になるように調節されています。寒さを感じると、脳は血管を収縮させて血流を減らし、体内の熱が外に逃げないようにします。また、暑さを感じると血管をゆるめて血流を促し、体内の熱を外に逃がして体温を一定に保つようにします。

からだの熱の一部は、筋肉の活動によってつくられます。高齢者では、活動するための筋肉の量が減少することで、熱がつくられにくくなります。

### ● 平熱が下がる

熱がつくられにくくなること、体温調節の働きが低下することで、体温を保つ力も弱くなります。その結果、高齢者の平熱は、若いころより低くなる傾向があります。

もともと平熱には個人差があります。日ごろから、平熱をチェックしておくと、体調の変化に気づきやすくなります。

また、体温は、1日の間でわずかに変動しています。若いころは、その変動の幅が1℃程度ありますが、高齢になると0.75℃くらいに小さくなるといわれています。

**体温の1日の変動の様子**

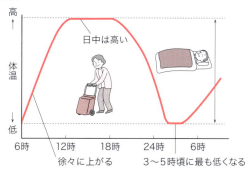

資料:『介護職員初任者研修課程テキスト3』(日本医療企画)をもとに作成

### ● 病気になっても熱が上がりにくい

かぜや肺炎などの病原体が体内に侵入したとき、発熱することで病原体を弱らせる働きがあります。高齢者は肺炎やインフルエンザにかかっても、若い人ほど熱が上がらず、発見が遅れて重症化することがあります。

平熱、微熱、発熱

【平熱】
約36.5〜37℃
高齢者は平熱が約
35℃の場合もある

【微熱】
約37℃

【発熱】
約38℃以上

資料：『実務者研修テキスト６』（日本医療企画）をもとに作成

● **低体温症**

　寒さなどでからだの熱が奪われ、からだの深部の体温が35℃を下回ると全身に障害が現れます。これを低体温症といいます。35〜32℃では血圧が上がり、ふるえが出ます。32℃以下になるとふるえが止まって意識障害や脈拍の低下が起こるなど、命の危険も生じます。夏になると熱中症の被害が注目されますが、高齢者の屋内での凍死は熱中症死の1.5倍という調査もあります。高齢者は筋肉量が少なくふるえで熱をつくりにくいので、屋内でも低体温症に注意が必要です。

● **熱中症**

　毎年夏になると、熱中症で高齢者が救急搬送されたというニュースが流れます。高齢者に熱中症が多いのは、次のような理由によります。

- からだの水分の蓄えが少ない。成人の体内水分量は60％であるのに対し、高齢者は50％である。
- のどの渇きを感じにくく、水分摂取が不十分になりやすい。
- 頻繁にトイレに行くことを避けるため、水分摂取を控える。
- 冷房が苦手で、高温の室内で過ごしている。

　介護職は、その日の天候によって、水を飲むように勧めたり、冷房をつけるように勧めることも大切です。

## 精神的機能の変化と日常生活への影響

　生活を楽しむ、安定した気分でいる、人と適切な交流をもつ、行動をコントロールできる、周囲の状況を理解できる、物事に注意を向けたり集中できるなど、精神的な健康を保つ働きを精神的機能といいます。人間に備わった高度の能力といえるでしょう。

　なお、精神的な症状は、精神的機能だけでなく、からだの健康や環境などの影響を受けて現れることが多く、老化による変化も人によって大きく違うといわれています。

### ● 判断力、理解力は維持されやすい

　精神的機能とは、中枢神経系が中心となって機能する記憶力、知的能力、判断力など総合的な働きをいいます。中枢神経系は、心理的、身体的、環境的な要因が加わりながら、年齢とともにさまざまに変化します。

　特に記憶力に関しては、「新しいこと」を覚えることが難しくなり、直近の出来事を思い出せないことが増えます。過去のことは、覚えていても思い出すのに時間がかかるようになります。

**精神的な健康をチェック**

| | 最近2週間、私は…… | いつも | ほとんどいつも | 半分以上の期間を | 半分以下の期間を | ほんのたまに | まったくない |
|---|---|---|---|---|---|---|---|
| 1 | 明るく楽しい気分で過ごした | 5 | 4 | 3 | 2 | 1 | 0 |
| 2 | 落ち着いた、リラックスした気分で過ごした | 5 | 4 | 3 | 2 | 1 | 0 |
| 3 | 意欲的で、活動的に過ごした | 5 | 4 | 3 | 2 | 1 | 0 |
| 4 | ぐっすりと休め、気持ちよくめざめた | 5 | 4 | 3 | 2 | 1 | 0 |
| 5 | 日常生活の中に、興味のあることがたくさんあった | 5 | 4 | 3 | 2 | 1 | 0 |

5つの項目について最近2週間の状態に最も近いものに印をつける。合計点が生活の質（QOL）を表し、13点未満は精神的健康状態が低いことを示す

出所：WHO-5　精神的健康状態表（1998年度版）

記憶力だけでなく注意力や集中力も低下します。

計算力、学習力などは下がりますが、情報処理能力はむしろ歳をとるほどに高まるといわれています。

言語を理解する力や判断力も、これまで積み重ねてきた経験や知識に結びつけて発揮されるため、比較的高齢まで維持されます。

● **高齢者の精神的機能の低下の要因は複雑**

若い人の精神的機能の低下は原因が比較的明確ですが、高齢者の場合は、さまざまな要因が複雑にからみ合っていることが多いのが特徴です。

失った能力にとらわれて悲観的になったり、体力の低下や視力、聴力などの感覚器の機能低下も社会生活に対して消極的になっていく原因になります。身近な人との死別など喪失体験（p.60）も大きく影響します。人によっては、老年期うつ病（p.78）になることもあります。

● **他者とかかわること**

人との交流が少なくなって孤独感を感じると、精神的機能はますます低下していきます。家族や介護にかかわる人が気を配って声をかけること、地域のおつきあいに参加することは、精神的機能の低下予防に有効です。

家庭や社会の中で、小さなことでよいので役割を見いだし、それが生きがいになると、精神的な健康を保つのに役立ちます。

ボランティアとして
介護施設で洗濯物をたたむ

地域のカフェで友人との
おしゃべり

# 3 高齢者の疾病と生活上の留意点

## 高齢者の疾病の特徴

病気やけがなどで自覚症状のある人の割合は、年齢が上がるにつれて増えます（「国民生活基礎調査」〈厚生労働省〉）。

また、後期高齢者（75歳以上）について、86％は何らかの慢性疾患を通院で治療しているという結果が出ています。調査の対象となったのは8種類の慢性疾患で、そのうち最も多かったのが高血圧症でした。

**主な慢性疾患の治療を受けている後期高齢者の割合**

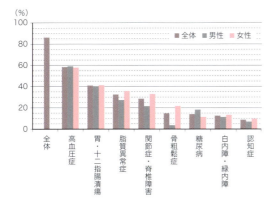

資料：東京都後期高齢者医療広域連合「東京都後期高齢者医療に係る医療費分析結果報告書平成27年3月」をもとに作成

### ●多くの病気や症状をもっている

高齢者には、病気の起こり方に、若いころとは異なる特徴があります。その1つが、複数の病気をもっていることです。

例えば、糖尿病や高血圧症、耳や目の病気、骨や関節の病気など持病の数が多く、内科、耳鼻科、眼科、整形外科など、大きな病院の複数の科にかかったり、複数のクリニックに通院したりします。

### ●使用する薬の数が多い

病気の数が多いと、治療のための薬の数も多くなります。

薬の数が多いと、互いに影響し合ったり、似た成分の薬が重複していたりして、副作用が起こりやすくなります。

また、高齢者のなかには、薬を飲み間違えたり、飲み忘れたりする人が少

なくありません。飲み残した薬が多量にたまっていたというケースもあります。

### ● 慢性病が多い

病気は、急性のものと慢性のものに分けられます。

若い人と違って、高齢者には、生活習慣病や完治が期待できない慢性的な病気が多いのが特徴です。

生活習慣病では、薬だけではなく、食事や運動などの生活習慣の改善に取り組む必要もあります。家族や介護職など、周囲の協力や見守りで、症状の悪化を防ぐことが大切です。

### ● 病気特有の症状が出にくい

病気には、その病気に特有の症状が出るものです。

例えば、心臓の筋肉の血流が途絶える心筋梗塞（しんきんこうそく）では、突然激しい痛みが起こり15分ほど続きます。ところが、高齢者の場合、胸の痛みを強く訴えないことが多いのです。また、肺炎では、通常は高熱が出ますが、高齢者の場合、高熱が出ないこともよくあります。

高齢者に対しては、ふだんの様子を知っておき、何となくおかしいと思うときには、病気の可能性を考えることも大切です。

## 骨折

骨折は骨に大きな力が加わることによって起こります。高齢者の骨折の主な原因は骨粗鬆症と転倒です。筋力の衰えやバランス能力の低下、視力の低下などにより、転倒しやすくなります。つま先があがりにくくなり、家の中のちょっとした段差やカーペット、電気コードなどにつまずいて転び、骨折をすることもあります。骨粗鬆症で骨がもろくなると、骨折の危険性がさらに高まります。転んで、手をついただけで骨折することも少なくありません。

高齢者のいる家庭では、家の中の段差がなくなるように工夫をしたり、日頃から床にものを置かないように気をつけたりすることが大切です。

**高齢者に起こりやすい骨折**

- **太もものつけ根の骨折（大腿骨頸部骨折）**

　太ももの骨の先端の曲がったところで、骨折が起こります。股関節（脚のつけ根）に痛みが出て、立つことや歩くことができなくなります。原因の多くは転倒です。

　手術で骨折部位を固定し、しっかりリハビリを行い、寝たきりにつながることがないようにします。

- **腕のつけ根の骨折（上腕骨近位部骨折）**

　腕の最も肩に近い部分の骨折です。転倒したときに肩や肘をぶつけたりして起こります。状態によっては骨折部位を固定する手術が必要です。やはりリハビリを行います。

- **手首の骨折（橈骨遠位端骨折）**

　前腕には2本の骨があります。その親指側の骨が手首のところで骨折します。骨折で腫れた部分が神経に触れていると指のしびれやまひが見られます。状態によっては骨折部位を固定する手術が必要です。

- **背骨の骨折（脊柱圧迫骨折）**

　背骨の骨がつぶれるようになる骨折です。尻もちや転倒で力が加わって起こることが多いようです。骨粗鬆症の場合は転ばなくてもいつの間にか起こっていることがあります。いくつかの背骨が圧迫骨折すると背中が丸まって、身長が低くなります。

**背骨の圧迫骨折**

コルセットで固定しリハビリを行います。手術が行われることもあります。

## 筋力の低下と動き・姿勢の変化

歳をとって足腰に自信がなくなると外出を控えるようになり、筋力が低下します。動かないと筋肉が固くなって関節の動く範囲（可動域）が狭くなり、つまずいたり転倒しやすくなるという悪循環に陥ります。

### ● サルコペニア

「筋肉量の減少」に「筋力の低下」「身体能力の低下」が加わった状態をサルコペニアといいます。加齢が主な原因で起こることもあれば、病気、寝たきりや活動性の低下、栄養状態の悪化が原因で起こることもあります。

**こんなことありますか？**
①歩くのが遅くなった（横断歩道を渡りきれないなど）
②手すりにつかまらないと階段を上がれない
③ペットボトルのキャップを開けにくくなった

右のような自覚症状がある場合はサルコペニアが疑われます。その場合は、筋肉を増やす運動や食事など生活習慣の工夫が必要です。サルコペニアは75歳以上になると増えます。特にやせている人、たんぱく質の摂取が少ない人は注意が必要です。

### ● 老人姿勢

筋肉が弱ることで、からだのバランスをとるために、右のような姿勢になることがあります。いわゆる老人姿勢です。歩くときはやや脚を開いて膝を曲げながらの不安定な歩行になるので、つまずきや転倒を起こしやすくなります。

老人姿勢になりつつあっても姿勢を支える筋肉の強化で、悪化を防ぐことができます。

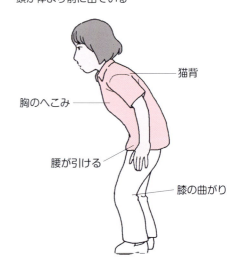

頭が体より前に出ている
猫背
胸のへこみ
腰が引ける
膝の曲がり

## 関節痛

年齢とともに肩、手指、腰、股関節、膝、足首などの関節に痛みを感じる人が増えてくるのはなぜでしょう。

骨と骨をつなぐ関節は軟骨でおおわれていて、衝撃を和らげています。痛みが出るのは軟骨がすり減り、骨がこすれ合うからです。軟骨の下にある骨が変形し、関節の周りに炎症が起こると痛みが出ます。

● **変形性膝関節症**

多くの高齢者が悩まされているのが、膝関節が変形する変形性膝関節症です。筋肉で膝関節を支えられなくなって軟骨が摩耗し、骨と骨がこすれるようになり、痛みが起こります。炎症による腫れや熱を抑えるために関節液が過剰に分泌されるので、膝に水がたまる人もいます。最初のうちは動き始めに痛んだり、こわばりを感じる程度ですが、徐々に立ち上がるときや階段を上り下りするときに痛み、膝の曲げ伸ばしがつらくなります。

治療法には、炎症や痛みを和らげる消炎鎮痛薬、ステロイドの注射などがあります。潤滑成分のヒアルロン酸を直接膝に注射することもあります。歩けないなど生活に支障が出ている場合は、人工関節をはめ込む手術などを行います。

少しでも膝への負担を減らすように太り過ぎに気をつけ、正座ではなくいすに座る生活を送るようにします。痛みがさほど強くない時期は、膝に負担の少ない運動で関節周りの筋肉を鍛えて予防しましょう。

**膝の骨と痛み**

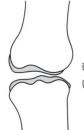 軟骨がすり減っている

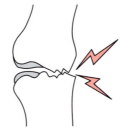 骨と骨が直接こすれ合うようになり、痛みが生じる

## 4 高齢者に多い病気と日常生活への影響

### 循環器障害（脳梗塞、脳出血、虚血性心疾患）

　循環器の循環とは、主に血液の流れのことを指します。その血液の流れが滞ったり止まったりするのが循環器障害です。ここでは、そのうちの脳梗塞、脳出血、虚血性心疾患について解説します。

#### ● 脳の血管が詰まる脳梗塞

　脳の血管に血液のかたまり（血栓）ができて、血流が止まってしまうのが脳梗塞です。脳梗塞は、下の図のように3つのタイプがあります。

**脳梗塞の3つのタイプ**

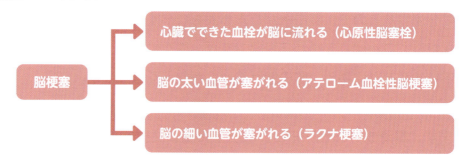

　脳梗塞が少しずつ進行する場合は、めまいやふらつき、手足のまひやしびれなどが起こることもありますが、急激に発作が起こり、具合が悪くなって、意識を失ってしまうこともあります。できるだけ早急に治療することで、命を救うことができます。そうした場合でも、手足のまひや言語障害などの後遺症が残ることがあります。

#### ● 脳の血管が破れて出血する脳出血、くも膜下出血

　高血圧などが原因で脳の血管が破れて出血する病気に脳出血とくも膜下出血があります。どちらも命にかかわる病気です。

### 脳出血とくも膜下出血

**【脳出血】**

脳の細い血管の一部が破れ、脳内に出血する

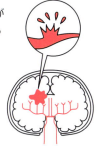

**【くも膜下出血】**

頭蓋骨の内側には3層の膜があり、脳を覆っている。脳の表面の血管が破れ、3層の膜のうち「くも膜」とその下の「軟膜」の間に出血する

　脳梗塞、脳出血、くも膜下出血のいずれも、脳が損傷を受けた場所に応じて、まひ、言語障害などさまざまな症状が起こり、日常生活に支障をきたします。

#### ● 虚血性心疾患

　心臓の筋肉（心筋）に十分な血液が行き渡らなくなる病気を「虚血性心疾患」といい、狭心症と心筋梗塞がその代表です。心筋梗塞では、心臓の血管の流れがある部分で止まって心筋の細胞が死んでしまいます（壊死）。完全には止まらず、流れが悪い状態を狭心症といいます。

　狭心症をもつ場合、血管を広げる薬（ニトログリセリン）や、心筋の収縮を抑える薬、発作を予防する薬などで、心筋梗塞を予防します。

#### ● 循環器障害の危険性を高める要因

　高血圧、糖尿病、脂質異常症などの生活習慣病、肥満、脂肪やエネルギーのとりすぎなどで、脳梗塞、脳出血、虚血性心疾患を起こす危険性が高まります。これらの発症や悪化を防ぐ対策には、右のようなものがあります。

**循環器障害の対策ポイント**

- 塩分、糖分、脂肪分を控え、栄養バランスのよい食事をとる
- 禁煙する
- 適度な運動を心がける
- ストレスを避ける
- 十分な睡眠と休養をとり、規則正しい生活を心がける
- 定期的に健康診断を受け、高血圧や糖尿病、脂質異常症などの生活習慣病を早期発見する
- 生活習慣病の治療に取り組む

## 老年期うつ病

　高齢になると身近な人の病気や死、退職、子どもの自立などで環境が大きく変わります。加齢によって脳の機能が低下し、からだの病気が増えることもあり、うつ病になりやすい時期と考えられています。

　また、糖尿病やがん、脳梗塞、認知症などにかかるとうつ病を併発しやすく、それによってもとの病気が悪化する場合も少なくありません。逆にうつ病になるとからだの健康もおびやかされ、ほかの病気を発症しやすい状態となります。

### ● 高齢者のうつ病の特徴

　気分の落ち込み、気持ちが落ち着かず考えがまとまらない、何もする気になれないといった状態や、原因不明のからだの不調（疲れやすい、息苦しい、肩こり、しびれ、頭が重い、めまい、眠れない、食欲不振、胃痛、便秘など）が2週間以上続いた場合に、うつ病と判断されます。

　高齢者のうつ病の場合、気分の落ち込みはあまり見られず、焦りや不安を強く訴えることが多いといわれています。また、からだの不調を強く訴える傾向もあります。

　さらに、認知機能の低下、記憶の障害など認知症に似た症状が出ることもあり、認知症と間違われることもよくあります。

### ● うつ病が疑われるとき

　うつ病はこころの病で、精神力では治りません。高齢者はもともとからだの不調があることが多いため、うつ病の発見が遅れがちです。元気がない、食事をとれない、眠れないなど本人の苦痛が続くときは早めに診察を受け、早期に発見して適切な治療をすることが望まれます。

　介護職は、高齢者のうつ病の特徴を理解し、利用者の様子がふだんと違う場合は、「元気を出しましょう」などと励ますのではなく、話をよく聞き相手を尊重する姿勢で接します。また、必要に応じて受診できるように、家族や介護の関係者などに伝えます。

### 誤嚥性肺炎

肺炎は、肺に病原体が入って炎症が起こる病気です。肺炎で亡くなる人のほとんどは65歳以上の高齢者で、肺炎は、日本人の死亡原因の第5位に挙げられています（厚生労働省「人口動態統計」令和4年度）。

#### ● 食べ物や唾液に病原体が混ざって肺に入る

口の中には、さまざまな病原体が存在しています。咀嚼能力、嚥下能力の低下などで飲み込みがうまくいかず、病原体がついた食べ物や唾液が気管に流れ込んで起こる肺炎を「誤嚥性肺炎」といいます。高齢者の肺炎では、誤嚥性肺炎に注意が必要です。脳梗塞の後遺症などで嚥下障害がある場合は、誤嚥性肺炎を繰り返すことがあります。

#### ● 食事の様子をよく観察する

食事のときに、食べ物をちゃんと飲み込めているか、様子をよく観察しましょう。むせたり、せき込んだりする様子が見られたら、誤嚥しやすい状態になっていると考えられますから、家族や医療職に相談します。

#### ● 誤嚥しにくい食べ物、口腔ケアなどで予防する

水などのサラサラした液体、のりやわかめなどの口にはりつきやすい食べ物、餅などベタベタとした食べ物などは、飲み込みにくい食べ物の代表です。嚥下障害がある場合は、こうした食べ物を避け、その人の飲み込みの状態に合わせたゼリー状、プリン状などの食事が適しています。

また、歯磨きなどによって口の中を清潔に保つことで、口の中の病原体が肺に入るのを防ぎ、誤嚥性肺炎が起こりにくくなります。

---

**誤嚥性肺炎の予防**

- 誤嚥しにくい食事を食べる。
- 食事のあと2時間ぐらいは横にならずに座った姿勢を保つ。
- 口の中を清潔にして（口腔ケア）、口の中の病原体を減らす。
- 口腔ケアをするときは、上半身を少し起こして行う。
- 医療機関で予防接種を受ける。

### 感染症

感染症とは細菌やウイルスなどの感染で起こる病気です。高齢者はからだの抵抗力が弱くなるので感染症にかかりやすく、かかると重症になりやすいといえます。また、家族から感染することもあり、介護施設などで病気が広がることもあります。

**高齢者が気をつけたい感染症**

| 病名（原因） | 主な症状 | 治療、注意事項 |
| --- | --- | --- |
| インフルエンザ（インフルエンザウイルス） | 38℃以上の高熱、関節痛、筋肉痛、せき、のどの痛み、倦怠感、食欲不振など | ・抗ウイルス薬、解熱剤など症状に合わせた薬で治療<br>・流行前にワクチンを接種して予防する<br>・重症化しやすい<br>・肺炎を合併する確率が高い |
| ノロウイルス感染症（ノロウイルス） | 激しい下痢、嘔吐、脱水（頭痛、昏迷、錯乱など）など | ・非常に感染力が強い。便や嘔吐物が乾燥して飛び散り、それを吸い込むことでも感染する<br>・便や嘔吐物を適切に処理して感染拡大を防ぐ<br>・介護職はこまめに石けんで手を洗うなどして予防 |
| 結核（結核菌） | 微熱、軽いせきなど。無症状のこともある | ・抗結核薬を数か月にわたり服用。全身状態が悪い場合、他人にうつす可能性が高い場合は入院治療<br>・若いとき結核に感染し、歳をとって免疫力が低下したときに発症することがある |
| 疥癬（ヒゼンダニ） | 発疹（手首や手のひら、指の間、おへそ周り、太ももの内側、陰部など）、かゆみは夜間に強く、眠れなくなることもある | ・ヒゼンダニを殺すことを目的とした飲み薬、塗り薬で治療<br>・介護施設や病院などで集団発生することがある<br>・寝具や衣類など肌に直接触れるものの共用を避ける、清掃、リネン類の殺菌の徹底 |

### 病状の小さな変化に気づく視点

高齢者はからだに異変が起きたり病気になったりしたとき、「疲れやすい」「食欲がない」など部位を特定できない「全身症状」として現れることが多いといわれています。

また、高齢者の体調は日々変化する可能性があります。介護にあたる際は毎回、利用者に質問して体調を確認します。

**体調をチェックするための質問**

・お変わりありませんか？
・ご気分はいかがですか？
・熱っぽさや、寒気はありませんか？
・お食事は食べられましたか？
・よく眠れましたか？

### コラム

**早く気づいて対処したい「フレイル」**

　加齢に伴いからだの予備能力が低下して健康障害を起こしやすくなった状態をフレイルといいます。英語の「Frailty（フレイルティ：虚弱、老衰、脆弱）」に由来する名称です。次の5項目のうち3項目にあてはまると、フレイルと診断されます。

　①体重減少（1年で4.5kgまたは5％以上）
　②疲れやすい（週に3〜4日以上何をするのも億劫な日がある）
　③歩行速度の低下
　④握力の低下
　⑤身体活動量の低下

　フレイルには、体重減少や筋力低下などの身体的変化だけでなく、②や⑤に示されるように、気力の低下などこころの変化や社会的活動の変化も含まれます。

　フレイルはいわば健康と要介護のあいだにある状態。かぜから肺炎になったり、転倒して骨折をする、入院したとき混乱して感情をコントロールできなくなるなど、何かが起きたときに"こじらせ"て要介護状態にならないように、フレイルにいちはやく気づいて対処することが大切です。

**観察のポイント**

- 顔色はよいか
- 表情は明るいか
- 気持ちが落ち着いているか
- 皮膚や爪に異常はないか
- 皮膚や口、舌が乾燥していないか
- 呼吸はいつも通りか
- 食事量はいつも通りか
- 水分をとれているか
- 暑いとき汗が出ているか
- 手足が冷えていないか

### ● いつもと違う様子があれば家族などに知らせる

　高齢者のからだの特徴を頭に入れながら、少しでもいつもと違う様子が見られたときや、本人が「気分が悪い」「横になりたい」と訴えるときは、家族や医療機関に連絡するか、事業所の上司・責任者に相談し指示をあおぎます。

　また、高齢者は肺炎でも熱が出ることが少ない、心筋梗塞でも胸痛ではなく気分が悪いという症状で始まることがあるというように、必ずしも典型的な症状が出るわけではありません。原因がわからない場合や持病が悪化している可能性がある場合は、家族や主治医へつなげるのが介護職の役割の1つです。「この程度なら大丈夫」と自己判断しないで、小さな変化でも「何かおかしい」と感じたら、家族などに伝えましょう。

### ☑ チェックポイント

- 老化に伴って起こるこころとからだの変化を理解できましたか。
- こころとからだの変化がどう日常生活に影響するかを理解しましたか。
- 高齢者がかかりやすい病気と生活上の注意点を覚えましたか。

Ⅱ. 入門講座

第 4 章

認知症の理解

第4章 認知症の理解

# 1 認知症を取り巻く状況

> 📖 **学習のポイント**
> ・認知症ケアにどのような姿勢であたればよいのか、その理念を学びます。
> ・「パーソンセンタードケア」を理解します。

## 1 認知症ケアの理念

　2013年に厚生労働省から、2012年の認知症有病者数は約462万人であり、さらにこれに認知症予備軍の軽度認知症の人を加えると、800万人に上ると公表されました。団塊の世代が後期高齢者になる2025年には認知症人口は約700万人、65歳以上の高齢者のうち5人に1人が認知症になると予想されたことから、厚生労働省は2015年1月「新オレンジプラン」を発表しました。これにより認知症初期の支援体制や早期診断、地域で支える介護や医療サービスの充実、若年性認知症施策の強化等、認知症の人が住み慣れた地域で生活するしくみづくりが提案されました。

### 認知症ケアの基本視点

　認知症になると、記憶力や理解力、判断力が低下します。同じものを何度も買ってきたり、家の近くで迷ったり、それまで当たり前にできていたことができなくなってしまいます。かつては認知症になると何もわからなくなり、何もできなくなるのだと考えられてきました。そのため、家族など周囲の人の介護負担軽減を目的としたケアが行われてきました。

しかし近年、認知症の人が体験や思いを語るようになり、また、研究も進み、そうではないことがわかってきました。認知症の人は何もわからないのではなく、自分がこれまでの自分とは違うことに気づいて不安を感じたり、何もすることがなくなりつらいと感じることがあるのです。喜びや悲しみなどの感情、思いやりの気持ちなどは豊かにあることが多いのです。

現在の認知症ケアは、認知症の人がかかえている生活上の問題を知り、解決できるように支援していく姿勢が求められています。

**認知症ケアの基本的な視点**
・問題視したり否定したりせず、ありのままの本人を受け入れて接する。
・本人がありのままに、自分自身の人生を生きられるようサポートする。
・本人の気持ちに共感し、寄り添って「同じ目線」で見る。
・できないことではなく、できることを見て支援する。
・本人のもつ力や気持ちに気づく視点をもつ。

## パーソンセンタードケア

かつての認知症ケアは、認知症という症状を中心に考えられたケアが行われてきましたが、1980年代末にイギリスの心理学者、トム・キッドウッドが認知症ケアの方法として、症状に目を向けるのではなく、その本人に目をむける「パーソンセンタードケア」を提唱しました。パーソンセンタードケアでは、「認知症だから仕方がない」ではなく、できることを探し、その人らしい生活を送れるように支援していきます。

認知症の人を理解する手がかり

- **脳の障害**
  アルツハイマー病、脳血管障害など
- **生活歴**
  生い立ち、仕事、趣味など
- **健康状態**
  これまでかかった病気、現在の体調、視力・聴力、感覚機能など
- **環境**
  人的環境、物理的環境
- **性格**
  こだわり、物事への対応の仕方、人との距離感など

資料：社会福祉法人　任至会「パーソン・センタード・ケアの理解Ⅱ」認知症介護研究・研修大府センターをもとに作成

### ● 本人がもっている力に気づく

認知症の人の「できないこと」や「失われてしまった能力」ばかりを見るのではなく、「できること」を活かしながら支援を行いましょう。

かかわり方の例

できないからといってすべての家事から遠ざけるのではなく、料理の盛りつけなど本人ができることを探す

### ● 共感し、思いに寄り添う

認知症になっても、精神的な機能や知的な機能がすぐに低下するわけではありません。新しいことを記憶したり、段取りを考えたりすることは顕著に低下しますが、喜怒哀楽の感情や、好き嫌いなどの感性はもち続けます。うまく表現できなかったとしても、こころの中でははっきりと思いをもっているのです。

言ったことを否定せず、まずは気持ちを受け止めましょう。周囲の人々が共感し、思いに寄り添って対応することで認知症の人は安心します。症状がおだやかになることもあります。

● **人生の主人公としてとらえる**

　認知症の人にとって、認知症になった今は、人生のほんの一部にすぎません。これまで歩んできた時間と物語があるのです。

　認知症の人は思いをうまく言葉で表現できないことがあり、そんなときに大声を上げたり暴れたりすることがあります。パーソンセンタードケアでは、問題とされるさまざまな行動は、認知症の症状からだけでなく、その人の性格や生活歴などと関係して現れると考えています。

　介護職は、その人の人生すべてを尊敬する気持ちをもち、かかわっていく支援が求められます。

### ☑ チェックポイント

・認知症ケアにあたるときの姿勢を理解しましたか。
・「パーソンセンタードケア」の意味がわかりましたか。

# 2 医学的側面からみた認知症の基礎と健康

## 学習のポイント

・認知症の定義を学びます。
・認知症の原因となる病気と症状、治療法を学びます。
・認知症の人の健康管理法を理解します。

## 1 認知症の概念

　私たちは毎日の生活のなかでさまざまな情報を受けとり、脳の記憶や知識のなかからたくさんの判断をしています。例えば、外出時の服装を考えるときは、その日の天気や外出の目的などの情報をもとに適切な服装を判断するでしょう。このような「情報を集め、分析して判断する働き」のことを認知機能といいます。

### 認知症の定義

　認知症は病名ではありません。なんらかの病気が原因で脳の神経組織が損傷した結果、記憶力や認知機能が低下し、日常生活に支障をきたしている状態のことをいいます。

認知症の状態

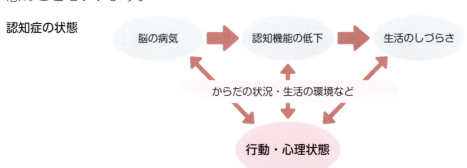

## もの忘れとの違い

　認知症の代表的な症状に「もの忘れ」がありますが、誰でも歳を重ねると忘れっぽくなるものです。この「もの忘れ」は加齢のせいなのか、それとも認知症の初期の症状なのかわからず、認知症の発見が遅れる場合があります。

　加齢などが原因の単なる「もの忘れ」と認知症の症状には、以下のように特徴的な違いがあります。

**加齢によるもの忘れと、認知症によるもの忘れの違い**

|  | 加齢によるもの忘れ | 認知症によるもの忘れ |
| --- | --- | --- |
| 記憶 | ・体験したことの一部を忘れる<br>・新しいことを記憶できる<br>例）朝食に何を食べたのか思い出せない | ・体験した全体を忘れる<br>・新しいことを記憶できない<br>例）朝食を食べたこと自体を忘れる |
| 原因 | 加齢 | 脳の病気 |
| もの忘れの自覚 | 自覚している。ヒントがあれば思い出す | 自覚が乏しい |
| 見当識（けんとうしき） | 時間や場所などの見当がつく | 時間や場所などの見当がつかない |
| 判断力 | 低下しない | 低下する（認識力、理解力が落ちる） |
| 日常生活 | さほど支障がない | 支障をきたす |

## せん妄の症状

　認知症に似た症状に「せん妄（もう）」があります。病気や薬の影響などによって意識障害が起こり、混乱した状態のことをいいます。

　軽い場合は、ぼんやりとして話しかけに応じなかったり、つじつまの合わないことを言ったりするので認知症のようにも見えます。時間や場所がわからなくなったり、幻覚を見たり、急に怒り出したりして人が変わってしまったようになることもあります。

認知症とせん妄の違い

【認知症】
・症状が持続的
・急激な症状の変化はない
・発症時期が特定できない
・意識ははっきりしている

【せん妄】
・症状は一時的
・症状が急激に変わる
・発症時期が特定できる
・意識障害がある

### ● せん妄はある日突然起こる

せん妄は、それまで何も症状がなかったのに、ある日突然症状が起こるという特徴があります。日中に症状が見られ、夕方になると落ち着くというように、1日の中で状態が変わることもあります。

高齢者は身体的なストレスによってせん妄を起こしやすいのです。認知症の人もそうでない人もせん妄の症状が見られることがあります。

### ● せん妄の対処法

せん妄の治療法は、原因となる病気によって異なります。医療機関で受診しましょう。

利用者にせん妄の症状が見られたら、静かな場所でおだやかな声かけなどを行い、安心してもらいましょう。

## 2 認知症の原因疾患とその病態

### 認知症の原因疾患

認知症の原因となる病気は主に、「アルツハイマー型認知症」「脳血管性認知症（血管性認知症）」「レビー小体型認知症」「前頭側頭型認知症（ピック病）」の4つです。

それぞれ原因となる病気によって、症状が異なります。

ほとんどの認知症は急に進むものではなく、長い期間（半年〜1年程度）にゆっくり症状が進んでいきます。

● **アルツハイマー型認知症**

　認知症患者の約7割を占めるのが、アルツハイマー型認知症です。原因となるアルツハイマー病は、脳の神経細胞が失われることで、脳が全体的に萎縮する病気です。

　アルツハイマー型認知症は、もの忘れから始まります。つい先ほどの出来事を忘れるなどの記憶障害から、うつ状態、もの盗られ妄想などが見られるようになります。ゆっくりと進行し、次第に日常生活が難しくなっていきます。

**アルツハイマー型認知症の特徴**

・初期から、もの忘れなどの記憶障害がある
・ゆっくり少しずつ進行する

● **脳血管性認知症（血管性認知症）**

　脳梗塞や脳出血などの病気によって、脳の血流が滞ったり、止まったりすることで起こるのが脳血管性認知症です。もの忘れはあるのに計算力や理解力はあるなど、症状がまだらに出るのも特徴です。

　急に発症したり、多少回復したりと進行の不安定さが目立ちます。アルツハイマー型認知症との区別が難しいため、違いをよく理解しておくことが大切です。

**脳血管性認知症の特徴**

・できることとできないことがはっきりしている（まだら認知症）
・階段状に進行する

認知症の症状がない
判断力はあるなど

認知症の症状がある
記憶力の低下など

脳の損傷部位によって、できることとできないことが、はっきりと分かれる

● **レビー小体型認知症**

「レビー小体」というたんぱく質が、大脳全体に現れることによって起こるのがレビー小体型認知症です。

実際には存在しないものが見える、幻視（げんし）の症状が見られます。また、からだがうまく動かせなくなります。転倒の危険性が高いため、注意が必要です。

**レビー小体型認知症の特徴**

・実際にはないものが見える（幻視）
・からだがうまく動かせない
・意識がしっかりしているときと、ボーッとしているときの差が激しい

家のなかに子どもがいるの

● **前頭側頭型認知症（ピック病など）**

判断力に関係する前頭葉と、言葉の理解に関係する側頭葉が萎縮するために起こるのが前頭側頭型認知症です。

病気が進行すると、身なりがだらしなくなったり、衝動的に暴力をふるうなど、人が変わったかのように感じられます。もの忘れは目立ちませんが、行動が勝手気ままで抑制がきかなくなり、万引きなど反社会的な行動をとる

ようなこともあります。

　同じものばかりを食べたり、同じ道を行って帰ってくるといった症状も見られます。

**前頭側頭型認知症の特徴**

・理性がきかなくなり、衝動的な行動や反社会的な行動が見られる
・周囲の人には人が変わったように感じられる
・同じ動作、行為を繰り返す

## 認知症の治療

　認知症になる前の段階を軽度認知症（MCI）といいます。この段階で治療を始めれば、認知症に移行しない場合があります。適切な治療を受けるためには、早い段階で専門の医師の診断が必要です。

　認知症を対象にしている診療科は神経内科、精神科、脳神経外科などがあります。近年では、認知症を専門に診る「もの忘れ外来」を設置している病院も増えています。

● **薬物療法**

　認知症の原因となる病気に合わせて治療薬を服用します。

**主な認知症の治療薬**

| 認知症の種類 | 使用する治療薬 |
| --- | --- |
| アルツハイマー型認知症 | 認知機能障害の進行を遅らせる薬を使う<br>徘徊、妄想、幻覚などには抗うつ剤や睡眠薬など症状に合わせた薬を使用する |
| 脳血管性認知症 | 認知症の原因となった脳血管障害の再発・悪化を防止する薬などを使う |
| レビー小体型認知症 | アルツハイマー型認知症で使われる薬の一部や、抗パーキンソン病薬などを使う |
| 前頭側頭型認知症 | 抗うつ剤などを使う |

資料：『介護職員初任者研修課程テキスト２』（日本医療企画）をもとに作成

● **非薬物療法**

薬を使う治療のほかに、「非薬物療法」もよく行われます。

人とかかわって、運動をしたり芸術にふれたりすることで脳全体のはたらきを活性化させます。ほかにも、ゲームや手芸など、本人の好きなことをして気持ちを前向きにするアクティビティケアや、自分の思い出を語り合う回想法など多様な治療方法があります。

**非薬物療法の例**

## 健康管理

認知症の人は、からだを清潔に保ったり、決められた時間に薬を飲んだり、適切な食事や睡眠をとったりすることが難しくなります。介護職は、必要に応じて生活改善を行い、健康管理に努めます。

高齢になるといくつもの病気をかかえている人が多く、認知症以外にもさまざまな病気をもっている人がいるため、薬の飲み忘れや、飲んだことを忘れて何回も飲んでしまうことを防ぐために、服薬管理の支援が行われます。

● **栄養状態の管理と脱水を予防する**

高齢者は、食欲の低下や消化する力の低下によって低栄養の状態になることがあります。栄養管理をこころがけましょう。

また、高齢になるとのどが渇いたことを感じにくいので、脱水症状にならないよう気をつけましょう。

### ● 廃用症候群（生活不活発病）を予防する

認知症の人は、できなくなることが増えると家の中に閉じこもりがちになります。からだを動かさずにいると、寝たきりや、さらなる認知機能の低下につながります（廃用症候群。生活不活発病ともいう）。

利用者の生活リズムを整え、散歩やレクリエーションに参加する機会をつくることが大切です。利用者が楽しく生活できるように支援することが求められます。

### ● 清潔に保つ

虫歯や歯周病にならないよう口腔ケアや、陰部や皮膚、頭髪などを清潔に保つための支援が行われます。不潔な状態のままでいると、感染症や皮膚病などにかかりやすくなるので、注意が必要です。

---

**☑ チェックポイント**

・認知症の定義がわかりましたか。
・認知症の原因となる病気と症状、薬物療法や非薬物療法について理解しましたか。
・認知症の人の健康管理について理解できましたか。

第4章 認知症の理解

# 3 認知症に伴うこころとからだの変化と日常生活

> 📖 **学習のポイント**
> ・認知症の中核症状と行動・心理症状と、症状に適した対応を学びます。
> ・認知症の利用者を理解して対応するケア法、コミュニケーション法を学びます。

## 1 認知症の人の生活障害、行動・心理の特徴

　認知症の症状は、「中核症状」と「行動・心理症状（BPSD：Behavioral and Psychological Symptoms of Dementia）」（周辺症状ともいう）に分けることができます。

**中核症状と行動・心理症状（BPSD）**

### 認知症の中核症状

　中核症状は認知症になると必ず起こる症状です。認知症の原因となる病気によって脳細胞が萎縮したり、ダメージを受けることで起こります。主な症

状に「記憶障害」と「認知障害」があります。

● 記憶障害

中核症状の代表的な症状が記憶障害です。

**記憶のなりたち**

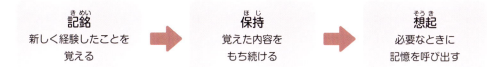

認知症になると、上記の3つのはたらきがすべて弱くなります。特にアルツハイマー型認知症では、つい最近の出来事も忘れやすくなります。

● 認知障害

認知機能の障害には、時間や場所を把握する力「見当識」が低下する「見当識障害」、言葉を理解したり発したりすることが難しくなる「失語」、耳や目のはたらきは正常でも正しく認識できなくなる「失認」、それまで当たり前にできていた行動ができなくなる「失行」などがあります。

そのほか「計算力の低下」「判断力の低下」「実行（遂行）機能障害」などが挙げられます。

## 認知症の行動・心理症状

中核症状に伴って起こる症状を「行動・心理症状（BPSD）」といいます。BPSDの症状は多様で個人差が大きく、認知症になってもBPSDが見られない人もいます。下記に、多く見られるBPSDの例を挙げます。

### 徘徊（歩き回り）

認知症が進んでくると、あちこち歩き回る「徘徊（歩き回り）」が見られることがあります。

新しい環境になじめず居場所を探しているとか、退職した会社に出勤しようとしているなど、その人それぞれの目的があります。

### 攻撃的な行動

介護しようと近づいた家族や介護職を怒鳴りつけたり、殴りかかったり、攻撃的な言動が見られることがあります。介護をする側にとっては「認知症の人のからだを拭く」行為でも、その意味を理解できない本人にとっては「知らない人に攻撃される」と感じることがあるためです。

長く続く行動ではなく、一定の時期を過ぎると落ち着くことが多いようです。

### 妄想

自分の持ち物が盗まれるという「もの盗られ妄想」や、「誰かに狙われている」などの被害感がある妄想が出ることがあります。現実にはあり得ないことでも、本人は事実だと思い込んでいます。

## 不適切なケア

BPSDがなぜ起こるのかというと、本人の心身の状態が要因の場合と、周りの人や環境が要因の場合があります。

本人の心身の状態については、持病による体調不良や、健康管理ができていないことによる不眠、疲労などが挙げられます。

また、周囲の人や環境が影響することもよくあります。例えば、周囲の人の冷たい視線やきつい言葉などで不安や緊張が大きくなり、症状が出やすく

なる場合もあります。

### ● 落ち着かない環境

　本人が日々生活する環境も大きく影響します。騒音や点滅する照明などの中にいて落ち着かない、何もない空間に1人でぽつんと置かれているなどの環境では、穏やかな気持ちになれないでしょう。

### ● 安心できない関係性

　周囲の人との関係性も大切です。例えば、以下に挙げるような人がそばにいると、認知症の人はこころが縮こまってしまい、安心して過ごせません。

・ちょっと失敗しただけで怒鳴る人。
・何を話しかけても無視をする人。
・子どもに接するような扱いをする人。

● **介護をする側の都合でする介護**

　介護職がつい行ってしまいがちなのが、自分のペースで介護を進めてしまうことです。よかれという思い込みから、本人が嫌がっているのに、しつこく入浴するよう促したり、介護を早く終わらせようと、相手の反応も確認せず次々に話しかけたりすることがあります。

　利用者の介護拒否や混乱を招き、介護することが難しくなってしまいます。いずれにしても、利用者の反応によく注意を向けることが大切です。

## 生活環境で改善

　認知症であっても、その人が慣れた空間で、生活しやすいように環境を整えることが大切です。本人が安心して穏やかな気持ちでいられる環境であれば、BPSDが落ち着くこともあります。

　環境を整える際は、支援する側の視点ではなく、あくまで利用者の視点での「生活しやすさ」を考えます。

　また、本人のからだの状態によっては、バリアフリー構造の生活空間にするなどの働きかけも必要です。

### 生活環境を整える際のポイント

・安心、安全に過ごせる環境にする。
・穏やかな気持ちで過ごせる環境にする。
・自ら行動しやすい環境にする。
・日にちや時間、トイレや浴室の場所をわかりやすくする。
・本人が慣れ親しんだ環境や雰囲気を大切にする。
・本人の意見、希望に沿う環境にする。
・プライバシーを保てる環境にする。
・身近な人とふれあいやすい環境にする。

## 2 認知症の利用者への対応

　実際に認知症の利用者を支援するにあたって、コミュニケーションのとり方や対応の仕方を理解しておきましょう。

### 認知症の利用者の理解

　まずは、認知症について正しく理解しましょう。認知症の人にどのような症状が見られるのか、こころとからだがどのように変化していくのか、特性をきちんと理解することが大切です。
　認知症の基本を理解したうえで、「本人を中心に考えるケア」を行いましょう。

### ● 本人の特性を知る

「本人を中心に考えるケア」のためには、その人の人生や生活の仕方を知ることが必要です。その際は、自分に見えやすい部分や、わかりやすい部分など一面的な情報だけで「理解したつもり」にならないよう注意しましょう。人生にはさまざまな面があり、また変化していくものだということを覚えておきましょう。

### ● 声をかけるときは正面から

認知症の人に話しかけるときは、必ずその人の正面から、相手と目線を合わせるようにして声をかけます。これは、認知症の人の注意力が低下しているため、視界に入らないところから声をかけたり、上から見下ろすように声をかけたりすると驚いてしまうからです。

### ● すべての能力が失われるわけではない

認知症になっても、すぐにその人のもつ能力やその人らしさが失われるわけではありません。認知症になる以前から慣れ親しんでいることは自然にできる場合もあります。

認知症の人でも、「できるだけ自分にできることをしたい」と考えている人もいます。できることを活かし、家庭や社会で役割をもってもらうことで、達成感や自信を得られます。周囲の人がほんの少し支援することで、できることを減らさずにすんだり、できる期間を延ばしたりすることができるのです。

## 認知症の利用者とのコミュニケーション

　認知症の人とコミュニケーションをとるときは、「何を話すか」よりも「どう話すか」を考えます。認知症が進んで認知機能が低下していても、感情は残っています。表情や態度から威圧感を感じとることもあります。

　また、適当にごまかそうといい加減なことを言ったりすれば、感情や雰囲気は伝わります。コミュニケーションの際は、相手に対する敬意をもって、目と目を合わせ、やわらかい表情でゆっくりと話しかけましょう。

### コミュニケーションを図るうえでのポイント

- その人の生活や症状、性格などをよく理解して気持ちを推し測る。
- 否定や拒否、無視をせず、その人の気持ちに寄り添う。
- プライドを傷つけない。
- むやみに禁止をしない。
- 一度にたくさんのことを伝えず、できるだけ短い言葉でゆっくりと話す。
- 言葉だけではなく表情やジェスチャーなどでもコミュニケーションをとる。

### コラム

　介護をする側がイライラしていると認知症の人もイライラする、介護をする側が怒ると認知症の人も怒る、というようなことがあります。「作用・反作用の法則」といわれています。介護をする側のこころは、鏡のように認知症の人に反映されます。介護職は、余裕をもって穏やかな対応をこころがけることが大切です。

## 認知症の進行に合わせたケア

　高齢で認知症であっても、朝早く起き、昼間はなるべく活動的に過ごし、夜はゆっくり睡眠がとれるような、規則正しい生活を送ることが大切です。認知症の人のからだとこころの状態をよく理解し、健康的な生活を送れるような支援が求められます。

　そのためにも、本人の状態をよく観察し、医療職に相談をしながら、認知症の進行に合わせた支援をすることが大切です。

　認知症の進行具合やその日の体調によって、できることとできないことは変わります。本人が自分でできることは可能な限り自分で行うように、介護職は支援します。

### ✓ チェックポイント

- 認知症の中核症状と行動・心理症状を理解しましたか。
- 認知症の利用者の言動や心情、ケアの方法、コミュニケーションの方法を理解しましたか。

第4章 認知症の理解

# 4 家族への支援

## 学習のポイント

・家族が、認知症の家族を受け入れる過程を理解しましょう。
・介護職が家族を支援する「レスパイトケア」について学びます。

## 1 認知症の受容過程での援助

### 家族の状況と心理

　家族が認知症とわかったとき、すぐにその状況を受け止められる家族は少ないでしょう。長い時間をともに過ごしてきた親や配偶者が「できていたことができなくなっていく過程」をそばで見ていると、さみしさやつらさ、無力感などさまざまな感情が入り乱れます。

　また、認知症の人を介護する家族は、心身ともに疲労を感じています。不安や緊張で常に気が休まらず、家庭生活も混乱します。将来の不安や「誰にも相談できない」という孤独感にも襲われます。

● 老老介護など家族の負担は大きい

　近年では、認知症の人も、介護をする家族も高齢者という「老老介護」が多く見られます。そのため介護をする側が疲労によって体調をくずしてしまうこともあります。

　認知症の人への支援と同じように、その家族の負担を軽くするための支援を考える必要があります。

## 家族会・認知症カフェ

　認知症の人を介護している家族にとって、同じように認知症の家族を介護している人との交流が、大きな支えとなることがあります。こうした情報を家族に提供することも、介護職の役割の1つです。

　全国にはたくさんの「家族会」があります。情報交換をしたり、悩みを打ち明けることで精神的に助けられ、前向きになれます。地域によっては、認知症の当事者や家族、その地域に住む人なども自由に参加できる「認知症カフェ」という場もあります。

### ● 家族への「エンパワメント」

　「エンパワメント」とは力をつけることをいいますが、ここでいう「エンパワメント」は、家族がもともともっている力を十分に発揮できるように支援することを意味します。

　介護への思いや方法は家族によってさまざまです。介護職は、その家族の価値観や歴史を尊重しながら、実際の生活における負担も、こころの負担も軽くできるようにサポートします。

## 2 介護負担の軽減

### 「レスパイトケア」とは

「レスパイト」とは、「休息」のことです。家族介護者が一時的に介護から離れ、リフレッシュできる時間をもてるように支援することを「レスパイトケア」といいます。家族がそうした時間をもつことで、ストレスが解消され、前向きな気持ちで介護と向き合えるようになります。

介護職は、家族の負担が少しでも軽くなるような生活の工夫や支援の方法を、家族と一緒に考えていきましょう。

家族介護者は外出して、友人とお茶の時間を楽しむ

認知症の母はデイサービスで機能訓練を行う

#### ● 介護保険サービスの活用

まずは利用できる介護保険サービスにどのようなものがあるか確認します。要介護・要支援状態によって利用できるサービスが異なります。

このような制度上のサービスと利用者をつないでいくのはケアマネジャー（介護支援専門員）の役割ですが、認知症の人の家族とかかわる機会の多い介護職も、協力し支援していくことが大切です。

ほかにも、民間の家事代行サービスなど家族の負担を軽くできるための方法はあります。介護職は、普段からそのような情報を提供できるようにしておきましょう。

### 認知症介護における介護保険サービスの利用例

| サービス | 内容 |
| --- | --- |
| 訪問介護 | 訪問介護員が訪問している間、家族が外出したり、一人でゆったりしたりする時間がとれる |
| 通所介護（デイサービス） | 家族が昼間の時間帯に休む時間をつくることができる。本人はレクリエーションに参加したり、ほかの人と交流したりすることで活動的になり、生活のリズムが整い、不眠やBPSDが改善することが期待される |
| 短期入所生活介護（ショートステイ） | 数日間、施設に宿泊してサービスを受ける。家族は数日間まとめて休養できるので、体調を整えたり、旅行したりして、リフレッシュすることができる。また、本人の施設での様子がわかるので、施設やグループホームへの入所の可能性、必要性も検討できる |
| 入所・入居サービス | 施設やグループホームに入所し、家族が無理のない範囲で、ときどき訪問する |

### ✓ チェックポイント

- 認知症になった家族を受け入れるこころの過程を理解できましたか。
- レスパイトケアなど、家族を支援する介護職のはたらきかけを理解しましたか。

Ⅱ. 入門講座

# 第 5 章

## 障害の理解

第5章 障害の理解

# 1 障害の基礎的理解

> **学習のポイント**
> ・障害者を支援するための分類方法「ICF」について理解します。
> ・福祉の基本理念「ノーマライゼーション」について学びます。

## 1 障害の概念とICF

### ICFの分類と医学的分類

　そもそも「障害」とは、なんでしょうか。日本の障害者対策の基本的理念を示す法律「障害者基本法」では、以下のように定義しています。

> **障害者基本法　第2条〈定義〉の抜粋**
> 1　障害者
> 　身体障害、知的障害、精神障害（発達障害を含む）その他の心身の機能の障害がある者であつて、障害及び社会的障壁により継続的に日常生活又は社会生活に相当な制限を受ける状態にあるものをいう。

　日常生活を送るうえでさまざまな支障が出るような障害がからだやこころにあり、それが一時的ではない状態ということです。
　障害は、身体障害、知的障害、精神障害の3つに大別されます。

**障害の分類**

| 種　類 | 内　容 |
| --- | --- |
| 身体障害 | 身体機能の一部に不自由があり、日常生活に制約がある状態のこと |
| 知的障害 | 日常生活で読み書き計算などを行う際の知的行動に支障がある状態 |
| 精神障害 | 脳およびこころの機能や器質の障害によって起きる精神疾患で、日常生活に制約がある状態 |

ICF（International Classification of Functioning, Disability and Health：国際生活機能分類）は、人の「生活機能」と「障害」の分類法として、2001年に世界保健機関（WHO）によって示されました。これは、1980年にWHOが示したICIDH（国際障害分類）を大幅に改訂したものです。

## ICFの考え方

ICIDHは、身体機能の低下や障害が社会的不利をもたらすという考え方でした。これに対してICFは、病気やけがによって起きた障害は生活機能の一部で、誰にでも起こりうるものとして考えます。

また、ICFには「障害は当事者自身の問題だけでなく、社会の問題でもある」ことが明記されています。障害によって生じる社会参加への制約は、環境との相互関係で軽減することができるとする考え方へと変化しました。

**ICIDHとICFの違い**（例：脳梗塞による後遺症で左半身まひが残る場合）

【ICIDHの考え方】

【ICFの考え方】

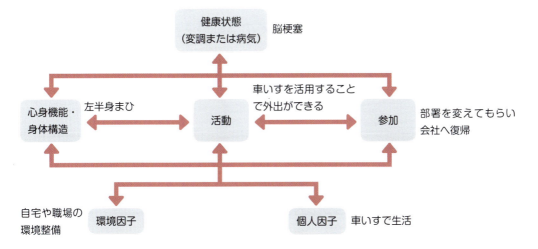

## 2 障害者福祉の基本理念

　近代以前の障害者福祉は、「障害者の生活を守るには、一般社会から分離・隔離することもやむを得ない」という考え方をしていました。そのため、障害者は長い間、社会参加や自立の機会から遠ざけられてきました。

　これを大きく変えたのが、デンマークのニルス・エリク・バンク＝ミケルセンが提唱した「ノーマライゼーション」という理念です。

### ノーマライゼーション

　ノーマライゼーションとは、障害の有無にかかわらず、すべての人が地域において、その人らしく暮らしていける社会をつくるという理念です。そのためには、障害者を一人の一般市民として受け入れていくことが重要です。

　ノーマライゼーションの理念は、多くの活動や法整備の流れへとつながりました。日本でも「障害者基本法」「障害者総合支援法」「障害者虐待防止法」「障害者差別解消法」などの法律に、ノーマライゼーションの理念が取り入れられています。

> **チェックポイント**
> ・ICF、ノーマライゼーションの内容を理解しましたか。

第5章 障害の理解

# 2 障害の医学的側面

## 学習のポイント

・身体障害・知的障害・精神障害の特徴と、行動・心理を学びます。
・障害者やその家族とのかかわり、支援の基本を学びます。

## 1 身体障害

### 視覚障害

視力や視野に障害があり、生活に支障をきたしている状態を視覚障害といいます。見え方によって視力障害、視野障害、色覚障害などに分けられます。

● 視覚障害の主な疾患

視覚障害の原因は、先天的なものから、病気や事故によるものなどさまざまです。加齢も原因の1つで、視覚障害者は高齢になるほど増えます。

高齢者に多いのが、糖尿病の合併症として起こる糖尿病網膜症(とうにょうびょうもうまくしょう)です。ほかには、水晶体が白く濁る白内障(はくないしょう)、眼圧が上がって視神経を圧迫することで発症する緑内障(りょくないしょう)などがあります。

● 日常生活への影響と支援

視覚障害者の半数以上の人が、成人後に視覚障害者となった「中途障害者」です。過去に目が見えた状態で生活をした経験があるため、障害がある状態を受け入れるまでに時間がかかるといわれています。

日常生活では、歩行の安全を守るため白杖(はくじょう)を使用します。コミュニケーション手段としては、点字や音声言語、ICレコーダーなどを活用します。

## 聴覚、平衡機能障害

耳の障害には、聞こえに関する聴覚障害、耳の中にある三半規管の障害でからだのバランスが崩れる平衡機能障害があります。聴覚障害は、耳がまったく聞こえない「聾」、聞こえにくい状態の「難聴」などがあります。

**耳の構造**

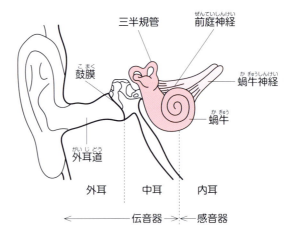

**難聴の種類**

| 種類 | 内容 |
| --- | --- |
| 伝音性難聴 | 外耳から中耳までの伝音器の機能障害が原因。小さな音が聞こえにくくなる |
| 感音性難聴 | 内耳から聴神経までの感音器の機能障害が原因。音が歪んだり、一定の音域だけ聞き取りにくくなる |

薬の副作用、事故、突発性の病気、加齢など、後天的な聴覚障害の原因はさまざまです。二次障害として言語障害を併せもつ場合もあります。

### ●日常生活への影響と支援

聴覚障害者のコミュニケーション方法には、手話、指文字、口話法（相手の口の動きを読みとる）、筆談、補聴器の使用などの方法があります。

聴覚障害者の場合、生活上の自立度は高いのですが、必要な情報収集ができなかったり、会話についていけないなどの問題から、孤立してしまう恐れがあります。コミュニケーションをとるための支援が求められます。

## 音声・言語・咀嚼機能障害

音声・言語の障害には、発声の障害と発語に関する障害があります。

**音声・言語障害の種類**

| 種類 | 内容 |
|---|---|
| 構音障害 | 声を出す器官の形の異常（口蓋裂やがんなどの切除手術など）や、音をつくる器官や動きの問題（脳血管障害、パーキンソン病など）により、発声がうまくできなくなる |
| 言語機能障害 | 吃音など話し言葉のリズムに支障が出る |
| 失語症 | 脳の一部が障害され、言葉の理解や適切な使い方ができなくなる |
| 二次障害としての言語障害 | 聴覚障害（p.114）や肢体不自由（p.115）から言語障害が生じる |

　また、口腔に関する障害には、咀嚼機能障害があります。食べ物や飲み物を咀嚼する機能が損なわれる障害のことで、口から栄養をとることが難しくなります。原因としては神経・筋疾患や、まひ、外傷などが考えられます。

● **日常生活への影響と支援**

　言語障害のある人への支援の際は、本人の思いに寄り添い、うなずきながら話を聞きましょう。話しかけるときはゆっくりしゃべるようにします。ジェスチャーを交えたり、文字や絵に描いてコミュニケーションをとるのもよいでしょう。音声・言語障害を支援する機器には、文字盤やコミュニケーションボード、音声言語を認識する機器などがあります。

## 肢体不自由

　肢体不自由は、何らかの原因で手足や体幹の運動機能が損なわれ、日常生活動作が難しくなる障害をいいます。

**肢体不自由の種類**

| 種類 | 内容 |
|---|---|
| 脳性まひ | 出産前後の何らかの原因による脳の損傷によって起こる。筋肉が固まり四肢が突っ張る痙直型や、顔や手足にコントロールできない運動が起こるアテトーゼ型などがある |
| 脳血管障害の後遺症 | 脳出血や脳梗塞などにより、脳組織が障害を受け、後遺症として運動機能に障害が起こる |
| 脊髄損傷 | 事故などで脊髄が損傷されることで、損傷した場所につながっている神経に運動や感覚のまひが起こる。脳に近いほど障害が重くなる |

肢体不自由者は、身体障害者手帳をもっている人のおよそ半数を占めます。そのうちの6割程度は、脳血管障害の後遺症による高齢の障害者です。

● 日常生活への影響と支援

歩行を助けるために、杖や歩行器、筋力を補完するための装具、移動時に車いすが必要となります。動かない部位の筋力低下や拘縮(こうしゅく)が進行しない配慮が必要です。

感覚まひを伴う場合には、からだを自由に動かせないため、からだの一部に負担がかかりやすくなります。褥瘡(じょくそう)が発生しやすく、予防のための支援が重要になります。着替えや入浴などの機会に、褥瘡が発生・悪化していないか確認します。

## 内部障害

内部障害とは、身体内部の臓器の障害です。多くは65歳以上の高齢者で、高齢になるにつれ、その数は増えていきます。

● 日常生活への影響と支援

内部障害者の多くは、継続的に医療機関で治療を受けています。症状の安定と、不活発な生活にならないよう利用者の意欲や主体性を引き出す支援が求められます。また、抵抗力が落ちているため病気にかかりやすい特徴があり、感染症予防には細心の注意が必要です。

**内部障害の種類と原因疾患**

| 種類 | 原因疾患 |
| --- | --- |
| 心臓機能障害 | 狭心症(きょうしんしょう)や心筋梗塞などの虚血性心疾患や弁膜症(べんまくしょう)、重度の不整脈など |
| 腎臓機能障害 | 慢性腎不全や糖尿病性腎症など |
| 呼吸器機能障害 | 慢性気管支炎、肺気腫、肺結核の後遺症、神経疾患など |
| 膀胱・直腸機能障害 | 脊髄損傷、先天性奇形、悪性腫瘍など |
| 小腸機能障害 | クローン病、先天性腸閉塞症、イレウスなど |
| HIVによる免疫機能障害 | ヒト免疫不全ウイルス（HIV）による感染 |
| 肝臓機能障害 | 肝炎、肝硬変、肝がんなど |

## 2 知的障害

知的障害について、日本では法律などによる定義はありませんが、以下のような3つの目安があります。

- ・全般的な知的機能がIQ70以下。
- ・日常生活における適応行動が年齢相応の基準より明らかに低い。
- ・18歳未満に、能力の発達に遅れが生じている。

※一度発達した知能が事故や疾患で低下した場合は含まれない。

出典：『介護職員初任者研修課程テキスト2』（日本医療企画）／DSM-IV（米国精神医学会による『精神疾患の診断・統計マニュアル』）より

知的障害の原因は、ダウン症などに代表される染色体異常、周産期障害（胎児期と新生児期に発生した異常）など多くの原因が考えられています。

● 日常生活への影響と支援

心臓疾患や感覚器障害など、ほかの障害を併せもっている場合もあります。状態に応じた健康管理を行います。また、できないことばかりに目を向けるのではなく、利用者の意思を尊重し、その人らしい生活が送れるように支援することが重要です。

## 3 精神障害

精神疾患にかかる人は、近年増加傾向にあります。環境の影響を受けやすい障害のため、介護職には正しい知識と理解が求められます。

### 統合失調症

統合失調症は、思考、知覚、記憶、感情、行動に大きく影響し、幻覚や妄想などの症状が出る精神疾患です。

**統合失調症の主な症状**

| 陽性症状 | 幻覚、妄想、支離滅裂な思考、激しい興奮、奇異な言動など |
|---|---|
| 陰性症状 | 無関心、感情の平板化、無表情、意欲の低下など |
| 認知機能障害 | 記憶力の低下、作業能力の低下、集中力・注意力の低下など |

● 日常生活への影響と支援

継続的な治療が必要なため、医療職と連携を図ることが大切です。安心して生活と治療が継続できる環境づくりを支援します。

## 気分障害(感情障害)

突然、気分が落ち込んだり、高ぶったりして自分をコントロールできず、日常生活に支障をきたす状態を「気分障害」といいます。

気分の落ち込みが数週間以上にわたって続く「うつ病」と、うつ状態とエネルギッシュな状態が交替で繰り返し表れる「双極性障害」があります。

● 日常生活への影響と支援

薬物療法を中心に治療が行われます。介護職は、服薬の継続や副作用の有無について確認するようにします。気分障害の人には、なにより休息が必要です。心身ともに休息できる環境づくりに配慮します。

## 依存症

依存症は、特定の行為にのめりこみ、日常生活に支障が出てもやめられなくなる症状のことです。麻薬やアルコールなどの依存症がよく知られていますが、ギャンブルや買い物、恋愛なども対象となります。

● 日常生活への影響と支援

依存症の原因は本人の倫理観の低さや意志の弱さではありません。医療機関での早急な治療が必要です。周囲の人々は、依存症について正しく理解し、本人が自分自身のこころと向き合い、自尊心を取り戻せるように働きかける

ことが求められます。自助グループ（断酒会など）への参加も効果的です。

## 高次脳機能障害

　高次脳機能障害は、事故や脳血管障害など脳の病気で脳が損傷して起こる障害です。脳のどこを損傷したかによって現れる障害が違います。

**高次脳機能障害の主な種類と症状**

| 種　類 | 症　状 |
| --- | --- |
| 記憶障害 | 新しいできごとを覚えられない、覚えたことを思い出せない |
| 注意障害 | 集中力が続かない、2つのことを同時に行えない |
| 遂行機能障害 | 段取りにそって物事が進められない、優先順位がわからない |
| 行動と情緒の障害 | 感情や欲求のコントロールができない、性格が変化する |
| 失語症 | 言葉が出てこない、理解できない、文字の読み書きができない |
| 失行症 | 運動機能に障害はないのに目的にかなった動作ができない |
| 半側空間無視 | 目では見えているが片側半分を認識できない |

### ● 日常生活への影響と支援

　日常生活では、話したいことを忘れてしまう、作業を長く続けられないなど、障害が出る前との落差が大きいです。利用者の年齢や社会的な役割も考慮したうえで、精神面でのケアも含めた支援を行います。

## 発達障害

　生まれつき脳機能に障害があり、さまざまな特性となって現れるものを発達障害といいます。発達障害が起こる詳しいメカニズムはいまだ不明です。

### ● 日常生活への影響と支援

　発達障害の種類によって特性はそれぞれ異なりますが、複数の障害が重なり合って現れることもあります。「抽象的なことの理解が苦手」「臨機応変な対応が苦手」などの特性があります。利用者の特性を理解し、情報は1つずつ伝える、抽象的な言葉は避けるなどの工夫が必要です。

## 発達障害の分類

- 言葉の発達の遅れ
- コミュニケーションの障害
- 対人関係・社会性の障害
- パターン化した行動、こだわり

**自閉症**

知的な遅れを伴うこともあります

**広汎性発達障害**

**アスペルガー症候群**

- 基本的に、言葉の発達の遅れはない
- コミュニケーションの障害
- 対人関係・社会性の障害
- パターン化した行動、興味・関心のかたより
- 不器用（言語発達に比べて）

**注意欠陥多動性障害 AD/HD**
- 不注意（集中できない）
- 多動・多弁（じっとしていられない）
- 衝動的に行動する（考えるよりも先に動く）

**学習障害 LD**
「読む」、「書く」、「計算する」等の能力が、全体的な知的発達に比べて極端に苦手

※このほか、トゥレット症候群や吃音（症）なども発達障害に含まれます。

資料：政府広報オンラインをもとに作成

## その他の精神疾患（神経症）

以下の精神疾患は、不安を主な症状とすることから不安障害と呼ばれることもあります。利用者が疲労やストレスをためない配慮が必要です。

### 不安障害の例

| | |
|---|---|
| パニック障害 | 動悸や呼吸困難などのパニック発作が突然起こる |
| 強迫性障害 | 特定の考え（強迫観念）が頭から離れず、意味のない行動だと思ってもその行動がやめられない（強迫行為） |
| PTSD（心的外傷後ストレス障害） | 強い恐怖や危険を感じた後、長期にわたり同じ恐怖を感じ続ける。不眠や情緒不安定などの症状が出る |

## 難病

難病は原因不明で治療方法が確立していないなど治療が極めて困難で、病状も慢性的、経済的にも精神的にも負担が大きい疾病です。難病の利用者のケアをする場合には医療と介護の連携が非常に重要になります。

---

### ✅ チェックポイント

- それぞれの障害の特徴と、行動・心理を理解しましたか。
- 障害者に応じた支援の基本がわかりましたか。

第5章 障害の理解

# 3 家族の心理、かかわり支援の理解

> **学習のポイント**
> ・障害者とその家族の心理を理解します。
> ・障害者とその家族の支援の仕方を学びます。

## 1 家族への支援

　障害者の生活環境を整えるにあたって、その家族への支援を考えることも必要です。障害について正しい知識をもたずに、大きな不安をかかえている家族もいます。医療の専門職などを通じて理解してもらう必要があります。

### 障害の理解・障害の受容支援

　家族が障害を受け入れるまでの過程はさまざまで、決まったプロセスがあるわけではありません。家族の誰がどのような障害をもったのか、先天的なものか後天的なものかなどで違いがあります。
　次に、先天性障害の子どもをもつ親の受容過程を例として挙げます。

> **段階説**
> 5段階の心理状態が重なりながら、徐々に受容に向かうという考え。
> ①ショック：障害がわかったあとの混乱状態
> ②否認：事実を認めようとしない状態
> ③悲しみと怒り：やり場のない怒りと悲しみの状態
> ④適応：障害のある子を授かった現実を認めはじめる状態
> ⑤再起：親として子どもの障害を受け入れ、前に進もうとする状態

段階説のほかに「慢性的悲哀説」という考え方もあります。悲しみは一時的なものではなく、常に親の内面に存在し、障害を受け入れた後も、就職や進学などの人生の節目やイベントを通して感情が表面化するという考え方です。これは生涯にわたる支援の重要性を示しています。

## 介護負担の軽減

障害者の家族は、強い不安やストレスをかかえてしまうことがあります。生活や将来の不安、介護による身体的・精神的な疲労などに加え、周囲に相談先や理解者がなく、孤立感を深めていく場合もあります。

介護職は、家族との信頼関係を築き、適切な情報を提供しましょう。以下のように、家族支援に活用できる制度やサービスもあります。同じ障害をもつ家族が集まる「家族会」は、情報の共有や体験の共有ができ、家族に心理的な安定をもたらす役割があります。

**家族支援に活用できる社会資源の例**

### ✓ チェックポイント

・障害者とその家族の心理を理解しましたか。
・障害者とその家族の支援の仕方を理解しましたか。

Ⅱ. 入門講座

第 **6** 章

介護における安全確保

第6章 介護における安全確保

# 1 介護における安全の確保とリスクマネジメント

## 学習のポイント

・介護の現場の安全確保の方法を学習します。
・事故を起こしてしまったときの対応について学びます。
・原因や感染経路など、感染症について学びます。

### 1 介護における安全の確保

　安心できる介護を提供するために、介護の仕事において安全の確保は重要な課題です。事故が起こる前に事故の芽を見つけることが必要です。

#### 事故に結びつく要因を探り対応していく技術

　事故を防ぐために、知っておきたい考え方が「ハインリッヒの法則」です。
　1件の重大な事故の背景には29件の軽微な事故があり、さらにその背景には300件の「ヒヤリハット」が隠れているという考え方です。

ハインリッヒの法則

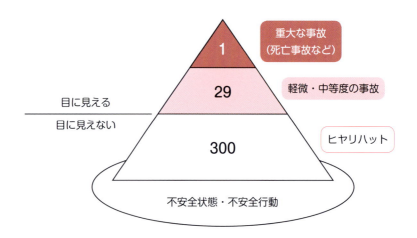

### ● ヒヤリハット

　事故には至らなかったものの、あと一歩で重大な事故につながりそうで「ヒヤリとした」、「ハッとした」出来事のことを「ヒヤリハット」といいます。このヒヤリハット体験を集めることで、事故が起こりやすいパターンや環境など、事故が起こる要因を見つけて対策を立てることができます。

### ● リスクとハザード

　事故が起こる要因を特定するためには、「ハザード（危険源）」と「リスク（危険性）」を理解する必要があります。「ハザード」は事故の要因となるもの、「リスク」はハザードの条件がそろったときに事故へつながる可能性のことをいいます。

　介護の現場では心身機能の低下した利用者、介護技術が未熟な介護職、段差の多い環境などがハザードにあたります。ハザードが存在するだけでは、事故は起こりません。これらの条件が重なることによって、事故につながる可能性が生じます。これがリスクです。この場合のハザードに対するリスクとしては、段差での転倒などが考えられるでしょう。

　事故の予防には、ハザードを見極めたうえで取り除くことが必要ですが、介護現場では利用者がハザードになることがあります。その場合は、あらかじめリスクを想定し、一歩進んだ対応をとることも必要です。

　以下のような条件は、事故の要因になり得ます。たいていの場合、事故はこれらの条件が重なって発生するものです。

- 利用者の運動機能や認知機能の低下。
  - 例）足が不自由な利用者
- 利用者の生活環境。
  - 例）段差が多い環境
- 介護職の体調や精神状態、介護技術。
  - 例）介護技術が未熟な介護職

ハザードとリスクの例

【ハザード】
事故をもたらすもの：段差の多い環境・未熟な介護職・足の不自由な利用者

【リスク】
事故（が起きる可能性）：未熟な介護職がトイレに誘導していて、利用者が段差で転倒する

### ● 身体介護の技術をもたない人が介助するリスク

介護職の技術レベルも、介護現場での安全管理に大きく影響することを理解しておきましょう。特に身体介護には専門的な技術と知識が必要です。正しい手順に沿って介助を行わないと、事故が起こりやすくなります。

身体介護の技術がない職員が介助を行う場合、以下のようなさまざまなリスクが発生します。

・事故が起こりやすくなる。
・危険の予知ができない。
・利用者、介護職のからだに負担がかかる。
・利用者の不安、不信を招く。

## 2 事故予防、安全対策

### リスクマネジメント

これから起こるかもしれない事故や危険、またはそこから生じる損害を管理することを「リスクマネジメント」といいます。利用者の安全を守るためにも、介護職が安心して働くためにも重要な取り組みです。

リスクマネジメントには、事故前の「予防対策」と事故後の「事後対策」があります。

**予防対策と事後対策**

| 種類 | 内容 |
|---|---|
| 予防対策 | 事故や危険を起こさないための取り組み<br>例）転倒事故を防ぐために住宅改修で段差を解消 |
| 事後対策 | 起こった事故から派生する損害や被害をできるだけ小さくするための取り組み<br>例）転倒事故で骨折。寝たきりを防ぐために早期離床、積極的なリハビリ、活動的な生活 |

## 分析の手法と視点

リスクマネジメントを行う際は、事例をもとにした分析を行います。

介護事業所では、「ヒヤリハット報告書」「苦情報告書」「事故報告書」を活用するのが有効なリスク分析の方法です。

### ● ヒヤリハット報告書

事故になりかけたヒヤリハット体験には、事故予防のヒントがたくさんあります。「どのような行動」が「どのような事故」につながる可能性があったのかを分析します。分析の際は「そのまま行動を続けていれば、○○のリスクがあった」まで予測します。

### ● 苦情報告書

介護事業所に寄せられる苦情の多くは、利用者・利用者家族と介護職との信頼関係を左右する出来事であることが多いのです。苦情につながった原因を明らかにし、対応を改善させることが信頼関係を回復するために必要です。

### ● 事故報告書

事故が起こったことは残念ですが、繰り返さないためにも事故要因の分析と対応策をしっかり検討することが大切です。

また、同じ種類の事故であっても、利用者の状況によってリスクは異なります。例えば、同じ誤嚥事故でも、脳卒中の後遺症で嚥下障害がある人と入れ歯が合わず咀嚼ができない人では、対応が違ってくるでしょう。

## 事故に至った経緯の報告・情報の共有

事故が起こってしまったときは、事業所や職員の間で経緯を共有します。真剣に問題に向き合い、再発させないための対策を検討しましょう。その際に重要な資料となるのが「事故報告書」です。

**事故報告書（例）**

| | |
|---|---|
| 氏名 | ○○××  |
| 種類 | 転落 |
| 日時 | ○月×日（水） |
| 場所 | 居室 |
| 状況 | 夜間、一人でトイレに行こうとしてベッド脇に転落 |
| 対応 | 24時からの見回りのとき、居室に入ると利用者が転落しているのを発見。すぐにベッドに移乗し、けがの有無を確認。<br>からだに変化はなく、とくに痛がっている様子もないため、「転落したが、大事に至らず」と上司に報告。 |
| 原因 | 居室が暗い中、一人で立ち上がろうとしたため。 |
| 対策 | 尿意があったかなど、なぜ一人でベッドから出たのか、理由を確認し、そのことへの対応を行う。 |

### 事故報告書の内容例

- 事故が発生した日時、場所。
- 事故当事者、事故の概要（経過）、利用者の心身状況。
- 事故の原因、対応、再発防止策。

### ● 事故報告の義務づけ

事故発生の際、介護サービス事業所には、保険者（市町村）、利用者家族へ報告することが介護保険制度によって義務づけられています。

また、事業所内で管理者に報告するしくみの整備も求められています。

多くの事業所が、指示命令系統や報告の手順をマニュアル化し、事業所全体で情報を共有するしくみをつくっています。

**事故対応後の流れ**

①事実の把握と利用者家族への説明
・事実確認を速やかに行い、事実に基づいた報告をする。
・事故発生の第一報以外の報告は、原則書面で行う。
・家族への報告は必ず責任者が行う。
②改善策の検討と実践
・事故後、早いうちに職員の間で情報を共有する。
・検討した改善策は、家族に対してきちんと説明をする。
③誠意ある対応
・事業所に責任がある場合、ない場合を問わず、利用者に苦痛を与えてしまったことに対して誠意ある対応を行う。

## 3 感染対策

感染症は、病原体（ウイルスや細菌）が人間の体内に侵入し、増えることで起こります。

### 感染の原因と経路

私たちは毎日の生活の中でウイルスや細菌に触れていますが、触れるだけで感染するわけではありません。以下の3つの要素がそろったとき、感染が成立します。

**感染が発生するための3つの要素**

| 要素 | 内容 |
| --- | --- |
| ①感染源 | ウイルスや細菌をもつものや人<br>例）排せつ物、嘔吐物、血液や体液、使用した注射針 |
| ②感染経路 | ウイルスや細菌がからだの中に入る方法 |
| ③宿主 | 抵抗力が弱い、ウイルスや細菌が増殖できる場所 |

介護職は、利用者の身の回りの世話を行うとき、前述の感染源に接触する機会が多いため、細心の注意を払います。

また、ウイルスや細菌の種類によって感染経路はさまざまです。下に示した感染経路を把握して、対策をします。

**感染経路の例**

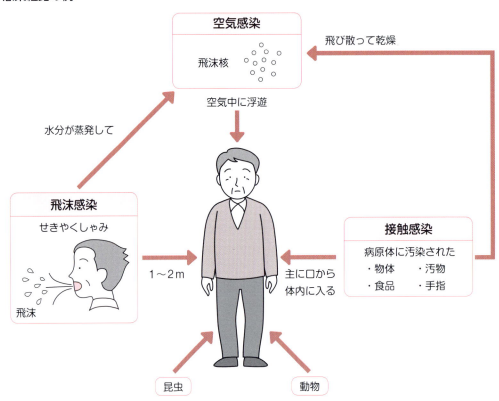

**感染対策の例**

| 対　策 | 内　容 |
| --- | --- |
| 感染源を排除<br>病原体をもち込まない | ・原因細菌やウイルスを含んだ排せつ物、血液や体液、使用した器具、取り扱った食品などを排除する |
| 感染経路を断つ<br>病原体を広げない、もち出さない | ・手洗い、うがい、消毒、清掃の徹底<br>・細菌やウイルスを含んだ排せつ物や体液を扱うときは手袋を着用する<br>・飛び散る可能性があるときは、マスク、エプロンなどを着用する<br>・食器や調理用具は熱湯をかけて消毒する |
| 抵抗力を高める<br>感染症の媒介者にならない | ・十分な睡眠、バランスのとれた食事をとる<br>・防げる病気は予防接種で予防する |

## 感染に対する正しい知識

　介護職が支援する利用者の多くは、抵抗力や免疫力の低い高齢者です。感染すると、治るまでに長い時間がかかったり、命を落とす危険もあります。介護にあたり、感染症に対する正しい知識を身につけましょう。

　高齢者に多く見られる感染症に、肺炎や結核、インフルエンザ、感染性胃腸炎、疥癬（かいせん）があります。

● 潜伏期間

　感染してから症状が現れるまでの期間を「潜伏期間」といいます。潜伏期間は病原体によって違います。また、インフルエンザのように熱が下がったあと（2日ほど）でも人にうつすものもあります。

### ✓ チェックポイント

・介護の現場で行う安全確保の方法を理解しましたか。
・事故を起こしてしまったとき、どうすればよいかわかりましたか。
・感染症の原因や感染経路、予防について理解しましたか。

# 介護職の安全

>  **学習のポイント**
> ・介護職自身の健康管理の意義を理解します。
> ・腰痛予防の大切さについて理解します。
> ・手洗い、うがいなど感染症対策について学びます。

## 1 介護における介護職の健康管理

### 介護職の健康管理が介護の質に影響

　介護職はやりがいを感じられる仕事ですが、その一方で肉体的にも精神的にも負担の大きい仕事です。

　心身ともに安定した状態でなければ、利用者に安全で快適なサービスは提供できません。疲れていたり、寝不足の状態では、判断力や集中力がにぶります。介護職の健康状態が介護の質を左右するのです。

### ストレスマネジメント

　ストレスとは精神的、肉体的に負担がかかっている状況をいいます。人とかかわったり、仕事をしたりすれば、どんな人でも多少のストレスは感じるものです。適度なストレスは、適度な緊張感を生み、仕事の効率を上げることもあります。しかし、負担が大きすぎると、体調を崩してしまうこともあります。介護職がストレスを感じる要因として「ケアハラスメント」があります。利用者や利用者の家族から通常の業務以外の行為を強要されたり、他職種から「こんなことも知らないの？」と見下されたりすることを指します。

　こころの健康を保つため、介護職は積極的にストレスマネジメントを身に

つけましょう。ストレスマネジメントとは、ストレスを上手にコントロールして、心身の負担を軽くするための方法のことです。

**ストレスマネジメントの例**
・規則正しい生活を送る。
・気分転換の機会をつくる。
・自分に合うリラックス方法を見つける。
・相談できる相手をつくる。

## 腰痛予防

　介護職は、移乗や排せつ介助などの身体介護で無理な姿勢をとったりすることから腰を痛めることがあります。介助中に腰痛が起こった場合、利用者の転倒など大事故につながりかねません。

　介護をするときはできるだけからだに負担がかからないよう、ボディメカニクスを活用しましょう (p.20)。介助以外のシーンでも、床の物を持ち上げるときは腰を曲げないなど、腰に負担をかけない習慣を身につけましょう。

　腰への過度な負担が続いたことによる筋肉の緊張が、腰痛発症のもとです。仕事を始めるときは準備体操を行い、仕事のあとはストレッチ運動で凝った筋肉をほぐすようにしましょう。

**コラム**

　介護職には腰痛が原因で仕事を続けられなくなってしまう人も多く、介護職の腰痛は深刻な問題です。国が定めた「労働災害防止計画」にも、介護施設での腰痛予防対策への取り組みが盛り込まれています。

　厚生労働省が示している「介護作業者の腰痛予防対策チェックリスト」も活用してみましょう。腰痛を悪化させるリスクを介護作業別に見つけだすもので、対策例も示されています。一度発症した腰痛は治りにくく、介護を続けていると悪化しやすいもの。発症する前の予防が何より重要です。

## 手洗い・うがい・感染症対策

　感染症予防の基本は手洗いとうがいです。掃除のあとや手袋を取ったあと、帰宅したとき、介助の前後には行うようにします。

**正しい手洗いの方法**

①まず手指を、流水でぬらす

②石けん液を適量とる

③手のひらと手の甲をこすり、よく泡立てる

④手の甲を、もう片方の手のひらでこする（両手）

⑤指を組んで、両手の指の間をこする

⑥親指を、もう片方の手で強くこする（両手）

⑦指先で、もう片方の手のひらをこする（両手）

⑧両手首まで、ていねいにこする

⑨流水でよくすすぐ

⑩ペーパータオルなどで十分に拭き取り、よく乾かす

出典：『介護職員初任者研修課程テキスト1』（日本医療企画）／医療コミュニケーターテキスト編集委員会『医療コミュニケーターテキスト』日本医療企画、123ページ

## うがいのポイント

・口の中の消毒（1回）
　うがい薬を口に含み、ブクブクとすすぐ
・のどの消毒（2回）
　うがい薬を口に含み、上を向いてのどの奥でガラガラとして薬を吐き出す

　うがいは60cc程度の水でうがい薬を薄め、口の中の消毒とのどの消毒を分けて行います。

### 手袋、マスクの着用のタイミングと注意

| | いつ使用するか | 使用するときの注意 |
|---|---|---|
| 手袋<br>（使い捨て） | ・排せつ介助、おむつ交換<br>・陰部の清拭<br>・口腔ケア<br>・嘔吐物処理、吸引チューブの洗浄<br>・蓄尿袋の交換<br>・血液、体液に触れる<br>・自分の手指に傷がある | ・手袋は処置のたびに外して捨てる<br>・手袋をしたままドアノブなどに触れない<br>・長時間使用して汗をかいた場合は交換する<br>・手袋を外すときは、表面の汚染が広がらないように中表にして外す<br>・外したあとは必ず手洗いをする |
| マスク | ・気管支や肺に病気がある人（せきや痰が激しい人）のケア<br>・顔に血液、体液などが飛び散る可能性がある<br>・自分がせきをしている | ・汚れたらこまめに交換する<br>・同じマスクを繰り返し使用しない |

出所：茨城県HP「在宅介護のための感染症予防ハンドブック」より一部抜粋

### ✓ チェックポイント

・自分の健康を管理することの大切さはわかりましたか。
・腰痛予防の意義を理解しましたか。
・感染症を予防するための手洗いの仕方がわかりましたか。

### 参考資料

**車いすの各部の名称と介助について**

前側

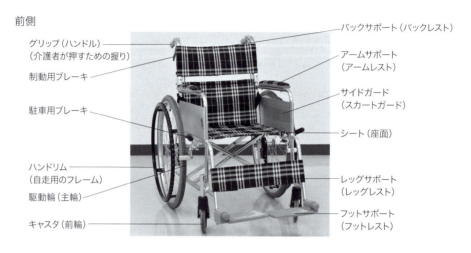

- グリップ（ハンドル）（介護者が押すための握り）
- 制動用ブレーキ
- 駐車用ブレーキ
- ハンドリム（自走用のフレーム）
- 駆動輪（主輪）
- キャスタ（前輪）
- バックサポート（バックレスト）
- アームサポート（アームレスト）
- サイドガード（スカートガード）
- シート（座面）
- レッグサポート（レッグレスト）
- フットサポート（フットレスト）

後ろ側

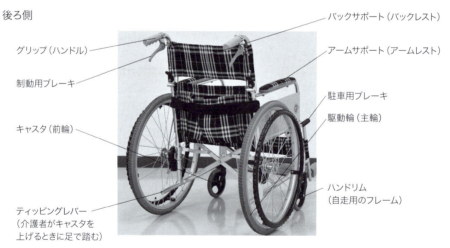

- グリップ（ハンドル）
- 制動用ブレーキ
- キャスタ（前輪）
- ティッピングレバー（介護者がキャスタを上げるときに足で踏む）
- バックサポート（バックレスト）
- アームサポート（アームレスト）
- 駐車用ブレーキ
- 駆動輪（主輪）
- ハンドリム（自走用のフレーム）

　車いすの介助を行う際には、まず車いすのブレーキの効き具合など、各部の点検を行います。介助のときには利用者に声かけを行い、同意を得てから動きます。動作の前後には利用者の姿勢や体調も確認します。

　移動の際、段差を上がるときは、段差と直角になるように車いすを配置し、ティッピングレバーを強く踏みながら、わきをしめ、グリップを下に押し下げ、キャスタを上げます。ぐらつかないようしっかりと支え、キャスタが上がったら段差にゆっくりと静かに下ろして、前へ進みます。駆動輪を段差にのせる際、膝を曲げて腰を落とし、グリップをしっかり持ち上げます。段差を下りるときは、後ろ向きで駆動輪とキャスタをゆっくりと静かに下ろします。

資料：『介護職員初任者研修課程テキスト3』（日本医療企画）

## 参考文献

- 介護職員初任者研修課程テキスト1
  介護・福祉サービスの理解
  日本医療企画

- 介護職員初任者研修課程テキスト2
  コミュニケーション技術と老化・認知症・障害の理解
  日本医療企画

- 介護職員初任者研修課程テキスト3
  こころとからだのしくみと生活支援技術
  日本医療企画

- 実務者研修テキスト4
  生活支援の技術と環境整備
  日本医療企画

- 実務者研修テキスト6
  老年期の疾病と認知症・障害の理解
  日本医療企画

- 実務者研修テキスト7
  介護に関わるこころとからだ
  日本医療企画

- 100歳まで元気人生！「病気予防」百科
  日本医療企画

- 介護の基本テキスト　はじめて学ぶ介護
  内田千惠子、日本医療企画

- 公益社団法人　日本介護福祉士会ホームページ「介護福祉士の専門性」

- 法務省人権擁護局「人権啓発教材　虐待防止シリーズ　高齢者虐待」全国人権擁護委員連合会監修

- 東京都後期高齢者医療広域連合「東京都後期高齢者医療に係る医療費分析結果報告書平成27年3月」

- 健康長寿ネット「ロコモティブシンドロームの原因」

- 日本整形外科学会公認ロコモティブシンドローム予防啓発サイト「ロコモチャレンジ」

- パーソン・センタード・ケアの理解Ⅱ
  社会福祉法人　任至会、認知症介護研究・研修大府センター

## 監修　黒澤貞夫 (くろさわ・さだお)

日本大学卒業。厚生省（現・厚生労働省）、国立身体障害者リハビリテーションセンター指導課長・相談判定課長、国立伊東重度障害者センター所長、東京都豊島区立特別養護老人ホーム・高齢者在宅サービスセンター施設長、岡山県立大学保健福祉学部教授、浦和短期大学教授、弘前福祉短期大学学長、浦和大学学長、一般社団法人介護福祉指導教育推進機構代表理事、日本生活支援学会会長を歴任。

主な著書に『生活支援学の構想―その理論と実践の統合を目指して』(2006年、川島書店)、『ICFをとり入れた介護過程の展開』(共著、2007年、建帛社)、『人間科学的生活支援論』(2010年、ミネルヴァ書房)、『福祉に学び、福祉に尽くす：福祉実践・研究・教育の視点から』(2013年、中央法規出版)、『介護福祉教育原論：介護を教えるすべての教員へのメッセージ』(共著、2014年、日本医療企画)、『介護は人間修行』(2016年、日本医療企画) など。

## 企画・編集　「わたしたちの介護」編集委員会

表紙イラスト：ひらのんさ

介護を知るはじめの一歩
「介護に関する入門的研修」テキスト

# わたしたちの介護

基礎講座3時間・入門講座18時間対応

2018年8月15日　第1版第1刷
2024年5月9日　第1版第4刷

| | |
|---|---|
| 監　修 | 黒澤　貞夫 |
| 発行者 | 林　諄 |
| 発行所 | 株式会社日本医療企画 |
| | 〒104-0032　東京都中央区八丁堀3-20-5 |
| | S-GATE八丁堀 |
| | 電話　03-3553-2861（代表） |
| 印刷所 | 図書印刷株式会社 |

ISBN978-4-86439-701-8　C3036
Ⓒ Watashi-tachi-no-Kaigo Hensyu Iinkai 2018,
　Printed and Bound in Japan

定価は表紙に表示してあります。
本書の全部または一部の複写・複製・転訳載の一切を禁じます。
これらの許諾については小社まで照会ください。